藏在经典名著里的
写作课

读三国学写作

写人篇

小树启智 ● 著/绘

山东教育出版社

·济南·

图书在版编目（ＣＩＰ）数据

读三国学写作 . 写人篇 / 小树启智著、绘 . -- 济南：
山东教育出版社 , 2023.7
　（藏在经典名著里的写作课）
　ISBN 978-7-5701-2548-7

　Ⅰ . ①读… Ⅱ . ①小… Ⅲ . ①作文课—中小学—教学
参考资料 Ⅳ . ① G634.343

　中国国家版本馆 CIP 数据核字 (2023) 第 099107 号

DU SANGUO XUE XIEZUO · XIEREN PIAN

读三国学写作 · 写人篇　　　　　　　　　　　　　　　　小树启智 著 / 绘

出 版 人：杨大卫
主管单位：山东出版传媒股份有限公司
出版发行：山东教育出版社
　　　　　地址：济南市市中区二环南路 2066 号 4 区 1 号　　邮编：250003
　　　　　电话：（0531）82092660　　网址：www.sjs.com.cn
印　　刷：北京永诚印刷有限公司
版　　次：2023 年 7 月第 1 版
印　　次：2023 年 7 月第 1 次印刷
开　　本：710 毫米 × 1000 毫米　1/16
印　　张：11
字　　数：116 千字
定　　价：58.00 元

（如印装质量有问题，请与印刷厂联系调换）印厂电话：010-85854482

目录

藏在经典名著里的
写作课

人物介绍

枣儿

聪明活泼、古灵精怪的小学生。她爱语文课，爱写作文，常常为自己的文思泉涌感到骄傲。不知道从什么时候开始，也不知道怎么回事，她和小丸子就闯进了三国的世界。她虽然对三国世界感到陌生，但对什么都感到好奇，什么都敢去尝试。枣儿邀请你一起进入三国的世界，开启一段奇妙的写作之旅！

小丸子

只比枣儿小几个月的表弟。有时调皮机灵，有时大智若愚。他喜欢读书，却时常为写作发愁。他和表姐枣儿是同班同学，两个人经常在学习上你追我赶。但在"危急"时刻，小丸子总能帮助枣儿化险为夷，也能在枣儿束手无策时想到出人意料的点子。意外闯入三国的世界后，小丸子又会经历什么，收获什么呢？敬请期待！

东汉末年分三国
烽火连天三月

我说的「三国故事」比唱的还好呢！

有什么了不起的，就是唱得好点儿而已！

哎哟，这么厉害，那来一段啊！

三国故事，走起！

第一章
桃园结义三兄弟
——写人外貌不突出怎么办
外貌描写

枣儿 饰 张飞

小丸子 饰 刘备

关羽 本色出演

话说天下大势，分久必合，合久必分。东汉末年，刘邦建立的大汉朝战乱不断，民不聊生。当时的朝廷昏庸无能，根本收拾不了这个烂摊子，只好让地方官府自行招募义军解决暴乱。

招兵的榜文张贴到了河北涿县（今涿州），引来城门口一众百姓的围观，大家都在交头接耳、议论纷纷，忽然有人长叹一声，显得无

比伤心。众人扭头去看：这不是卖草鞋的"大耳"吗？

只见这人身高七尺左右，皮肤白皙，面如冠玉，唇若涂脂，长得真是一表人才，用今天的标准来看也是个帅哥，就是耳朵太大，耳垂都耷拉到肩上了，两只胳膊也比正常人长了不少，垂直站立都能摸到膝盖了。

此人名叫刘备，字玄德，因耳朵实在太大，所以大伙亲切地给他取了个外号——大耳。

大耳性子温和，平常脸上总带着微笑，怎么忽然大白天的叹起气来了？正当大伙疑惑的时候，忽然一个壮汉指着大耳骂了起来："男子汉大丈夫不为国家出力，愁眉苦脸地叹什么气？"

大伙一看，这不是张飞吗？他可不好惹！

此人姓张名飞字翼德，生得身高八尺，虎背熊腰，豹头环眼，燕颔虎须，还大嗓门，喊起来就跟打雷似的，平常走路的架势也是火急火燎，势如奔马。

张飞还是个大财主，家中以杀猪卖酒为业，喜欢结交英雄豪杰。

振作起来！

我，我心里苦啊……

刘备见他面相威严，勇猛过人，也有心结交，于是解释道："我虽然家道中落，但也是大汉宗亲，如今天下乱成这样，怎能不伤心？我有心建功立业报效国家，可惜一文钱难倒英雄汉，又怎能不叹气呢？"

张飞一听，说："这算啥，俺老张家里有钱，咱们不如一起干一番大事业！"

刘备高兴坏了，难得有这样志向相同的好汉，这是遇到知己了呀！实在是人生一大快事，于是二人去喝酒庆祝。

这时又走来一个推车卖枣的大汉，身高九尺，足有两米开外！卧蚕眉，丹凤眼，胡子半米长，面色赤红，跟他卖的红枣一样，威风凛

不甜包退 地道好枣

凛，好像天神下凡一般，别提多霸气了！

刘备一看这人的相貌如此出众，便也邀请他一起喝酒。那人刚才就听了刘备和张飞说起心中大志，也很佩服，自我介绍道："我叫关羽，字云长。河东郡解县人，只因路见不平，打死了乡里的恶霸，这才流落江湖，已经在外闯荡五六年了。"

关羽也是心怀大志的人，不甘心就这么流亡下去，遇到刘备和张飞这样的英雄人物，也想一起做一番大事业。三个人互相敬佩，简直相见恨晚。张飞提议道："我家里有一块桃园，既然咱们三个如此有缘分，不如一起去我家里，结拜为兄弟吧！"刘备和关羽都非常赞同张飞的这个提议。

此时正值春暖花开，桃园里桃花开得十分茂盛，春风和煦，鸟语花香。他们三个人都穿上整洁讲究的衣服，在桃园里摆下香案，祷告

天地，约定誓言："齐心协力，报效国家……不求同年同月同日生，但求同年同月同日死！"三人中刘备年龄最大，是大哥，关羽次之，排行老二，所以后世人都喊他"关二爷"，张飞年龄最小，是三弟。

人生得一知己死而无憾，更何况拥有两个！刘、关、张三人都胸怀天下，心存仁义，志向一致，意气相投。结拜以后，不是亲兄弟，更胜亲兄弟，联手同心，最后成功建立起了不起的大事业。这就是后世争相传颂的"桃园三结义"。

> 念广告词呢？

> 桃园三结义，

> 千古永流传！

> 刘、关、张三兄弟让人印象深刻，这和他们出场时的外貌描写分不开！

> 这也是我们能从中学习的写作秘籍——重点描写显功力！

写作心法

外貌描写是对一个人外貌的刻画，是最能够直接塑造人物形象的一种手法，好的外貌描写就像一部照相机，能够还原人物的外貌，给人留下深刻印象。

刘、关、张三兄弟出场时的外貌描写，让我们印象深刻，作为三国演义开场的"第一回"，三位人物的外貌描写为整个三国故事的展开打下了基础。我们也要"拜师学艺"，提炼其中的写人"武功秘籍"。

① 观察身材和五官

故事中说关羽"身高九尺，足有两米开外"，这么高的个儿，在人群中肯定一眼就能认出来。

身材的描绘就像画人物的轮廓，读者根据轮廓一下子就认出了人物。比如故事里这一句："两只胳膊也比正常人长了不少，垂直站立都能摸到膝盖了。"这样异于常人的身材，还能是谁呢？当然非刘备莫属。如果人物身材很有特点，就可以用简练的语言描绘人物的身材。是个子高高还是身材矮小，是胖嘟嘟的还是纤细苗条，是腿特别长，还是脖子特别细呢？描绘出人物的身材，人物的轮廓就确定啦。

介绍一个人的外貌，五官是非常重要的。以上故事中对刘、关、张三人的五官并没有面面俱到地描述，而是选择了最有特色的部位进行描写。比如："卧蚕眉，丹凤眼，胡子半米长，面色赤红，跟他卖的红枣一样，威风凛凛，好像天神下凡一般，别提多霸气了！"瞧这与众不同的肤色、胡子和眉眼，只能是咱们的关云长关将军所有，谁想冒充都不行。

你可以对着镜子观察自己，你的五官中最特别的或者你最喜欢的是什么呢？它有什么特征呢？

在描写人物外貌的时候，不需要面面俱到地描绘，只需要选取最有特点的部分详细描写就可以啦。

❷ 特点夸张不一般

刘备的耳朵很长，手也很长，这样的描述就很笼统，到底有多长呢？谁也不清楚。笼统的介绍会让人物千篇一律，精细的描绘才能让人物从芸芸众生中脱颖而出。作者用夸张的手法，说刘备"耳朵太大，耳垂都耷拉到了肩部，两只胳膊也比正常人长了不少，垂直站立都能摸到膝盖了"。怎么样，是不是一下子就知道有多长啦。

描绘张飞的外貌时，作者连续运用了几个比喻，四字一个小短句，像竹筒倒豆子一样噼里啪啦写出了张飞的外貌特点："虎背熊腰，豹头环眼，燕颔虎须。"想象一下，老虎的后背，是不是非常健壮？熊一样的腰是不是特别厚实？张飞像猎豹盯着猎物一样，瞪圆了眼睛，还真是有威慑力呀，难怪敌人都怕他。燕子一样的下巴（双下巴）上长满了老虎那样的胡须。威风凛凛的老虎，胡须又粗又硬，张飞的英雄气概就跃然纸上了。这样写，比笼统地说张飞的胡子很硬，很有英雄气概要更加形象。

如果你要写一个人的眼睛很大，要怎么夸张地描绘呢？眼睛是像锃光瓦亮的灯泡，还是池塘里的青蛙？像黑夜里的猫头鹰，还是马路上的红绿灯？

先找到人物五官的特点，再开动脑筋用夸张的手法把特点放大，你的人物就跟别人不一样啦。

❸ 衣着体现个性点

《三国演义》故事中，有这样一段话："刘备见孔明身长八尺，长得风流倜傥，头戴纶巾，手拿鹅毛扇，有神仙般的气概。"你们看，孔明的第一次正式亮相，作者甚至连他的五官都没有介绍，只是重点描绘了他的衣着。诸葛亮总是头戴纶巾，手里拿着一把鹅毛扇。

来者诸葛亮

天空飘来五个字！

因此只要一看到鹅毛扇，我们就知道这人是诸葛亮。

说起关羽，我们头脑中的形象就是他穿着一身绿袍。这是刘备送给他的，即使后来曹操给他送了很多锦衣华服，他还是把这件已经破旧的绿袍穿在最外面，以此来表示他对刘备的忠诚和想念。再比如赵云，给人的印象就是一身白色战袍，骑着白马，手里一杆长枪，英姿飒爽。

现实生活中，很多人都有自己的穿衣风格，比如爸爸去上班总是穿一身黑色的西装，皮鞋擦得锃亮；奶奶最喜欢穿灰色的毛线马甲，鼻梁上架着黑色镜框的老花镜；体育老师常年穿着宽松的运动服，脖子上挂着一只银色发亮的哨子，手里还握着一块秒表……

仔细观察你要描写的人物，他（她）是不是有偏爱的穿衣风格？他（她）是不是也会常常拿着什么东西？准确写出他（她）的穿衣风格，也能让你的人物与众不同哦！

观察身材和五官
特点夸张不一般
衣着体现个性点
外貌口诀记心间

秘籍
修炼

① 任务发布

对着镜子观察一下自己，我们可以用文字给自己画一幅自画像。

（小学语文教材四年级下册第七单元写作任务：我的"自画像"）

我们也可以观察同学，写出来让大家猜猜你写的人到底是谁。

（小学语文教材三年级上册第一单元习作：猜猜我是谁）

当然还可以写一写跟我们朝夕相处的老师。

（小学语文教材五年级上册第二单元习作："漫画"老师）

我的体育老师跑步很慢，够有特点吧？

这个？你确定？

还能写哪个老师呢?

没文化真可怕，多少文人墨客都写过老师呀!

　　就拿老师来说吧，学校生活中，老师与我们朝夕相伴，如果要写一位老师，你想写哪位? 是总爱穿裙子、说话像连珠炮的语文老师，还是整天笑眯眯、走路像一阵风的数学老师? 想想你的老师外貌上有什么突出的特点，写一段关于老师外貌描写的话吧。

② 名家示范

　　端坐在自己的位子里偷偷地仰起头来看看，看见李先生高高的瘦削的上半身穿着整洁的黑布马褂，露出在讲桌上，宽广得可以走马的前额，细长的凤眼，隆正的鼻梁，形成威严的表情。扁平而阔的嘴唇两端常有深涡，显示和蔼的表情。这副相貌，用"温而厉"三个字来描写，大概差不多了。

——节选自丰子恺《回忆李叔同先生》

作者选择了额头、眼睛、鼻梁和嘴巴来描写，其中描绘李先生的额头，说马都可以在上面走。多么宽的额头才能跑马呀，这也太夸张了。不过用了夸张手法，你是不是一下子就注意到了他的额头？甚至很多年以后如果有人问你，谁的额头最宽，可能你还会记得，有一位名字叫李叔同的老先生，他的额头最宽啦。

你的老师外貌上有什么特点？来说一说吧。

1. 他的身材是怎样的？

2. 他平常穿什么样的衣服？

3. 他的五官最有特点的是什么？

4. 现在试着用夸张手法来写一写老师的外貌吧。

在相应的方框里给自己打上"√"吧。

我的作文里写了身材、五官和衣着。☐

我用夸张的手法来写外貌特点，写得可精彩啦。☐

同学们一看就知道我写的是谁。☐

我不想演老虎。

老虎多好啊，威风凛凛！

武松打虎，老虎一句台词都没有就被打死了。

老虎有台词啊，嗷呜……

我要当主角，我要有台词！

那你知道怎么说话才能成为主人公吗？

第二章
青梅煮酒论英雄
——怎么说话才能成为主人公
语言描写

枣儿 饰 曹操

小丸子 饰 刘备

东汉末年，天下大乱，诸侯征战不休，你方唱罢我登场。刘备三兄弟辛苦创业却屡次失败，先后被袁术和吕布两边挤兑，家底全都赔光了，只好去投奔曹操。

这时候的曹操已经挟天子以令诸侯，他虽然收留了刘备，却害怕刘备胸怀大志不甘心给自己当助手，因此对他极不信任。

刘备作为汉室宗亲，当时天子刘协的叔叔，对曹操的嚣张跋扈、擅权专政也是极为不满。尤其是看着自己的侄子总被曹操欺负得掉眼泪，刘备更是心疼，总想着逃离曹操的掌控，在外面拉起队伍跟曹操干一架，可又怕曹操发现自己的野心，于是便韬光养晦，每天在院子里养花种菜，希望曹操放松对自己的戒备。

这天，曹操突然到把刘备叫到自己府上，还说院里的青梅熟了，正好一起喝酒赏梅。刘备也不知道曹操葫芦里卖的什么药，也只能既来之则安之。

两人在凉亭里坐下，用小火炉把酒煮热，旁边还放置了一盘青梅。

几杯酒下肚，曹操略有醉意，脸上似笑非笑地问刘备："老弟久历四方，一定认识不少英雄人物吧？你说说看，现在天下那么多诸侯，谁能称得上是英雄？"

刘备心里"咯噔"一下，不明所以，谦虚地说道："我这样的人哪认识什么英雄？不敢妄加评判。"

曹操笑意更浓了："就算不认识，总也听说过吧，说说看嘛。"

刘备心里打鼓似的一阵翻腾，小心试探道："淮南的袁术，兵精粮足，算是英雄吧？"

"袁术好比是坟头里的白骨，早晚被我消灭掉！"曹操一脸的不屑，根本不把袁术当回事。

"那河北的袁绍呢？他可是名门贵族，亲朋故友遍布天下，手底下的小弟能人辈出，地盘也大，总算是英雄了吧？"

曹操又是哈哈一笑："这个人我了解，他虽然有实力，但却缺乏胸襟和气魄，外强中干，遇上大事瞻前顾后，为了蝇头小利连命都不要了，不算！"

刘备一脸愕然，皱着眉头问道："那荆州的刘表呢？有才华，名气也大，号称'八俊'之一呢！"

曹操连连摇头："刘表有名无实，没有进取心，不能算！"

"江东的孙策，年少有为，勇冠三军，总算是了吧？"刘备嗓子都有点儿哑了。

不料曹操呵呵一笑："这小子不过是仰仗父辈而已，成不了大气候。"

刘备有些无奈了，又接连说出刘璋、张绣、张鲁、韩遂等一大串名字。

曹操的头摇得跟拨浪鼓似的："这些人也能上得了台面？"

刘备只好两手一摊："除了这些，别的我是真不知道了！"

曹操表情忽然变得严肃起来，说道："能算得上英雄的人，必须胸怀大志，腹有良谋，有包藏宇宙之机，吞吐天下之志！"

"哪里有这种人呢？"刘备被曹操的见解触动，脑袋不自觉地凑了过去。

"如今天下算得上英雄的，"曹操忽然回过头来，指了指刘备，又指了指自己，意味深长地说，"只有你我二人而已！"

刘备吓了一跳，脸都绿了，手里的筷子"咣啷"一声掉在地上，心想：我整天浇水种菜地打掩护，你还说我是英雄，难道我的小秘密

被你发现了？

　　这时正好天打了一个响雷，刘备连忙恢复镇定，低头捡起筷子，还假装擦了擦汗，尴尬地笑道："这雷打得……吓死我了！"

　　曹操本来是想试探刘备，却不料他被一个雷吓成这样，看来他对自己也构不成威胁，于是便打消了疑虑。

　　后来刘备加紧谋划，不久便趁着曹操松懈，找机会逃回徐州，从此脱离了曹操的掌控。

故事里刘备和曹操这场语言的交锋太精彩了：曹操要借"论英雄"来试探刘备；刘备寄居在他人屋檐之下，要装傻充愣，保全自己。最后刘备借口害怕打雷，成功骗过了曹操。你来我往的对话暴露出两个人截然不同的身份和性格。

语言描写是塑造人物的重要手段。借助人物的语言，我们可以窥探人物的内心世界，感受人物的性格魅力，还可以了解时代社会背景，挖掘作品的深刻主题。语言描写包括人物独白和对话，这一章咱们就看看人物对话怎么写吧。

来，多喝点儿！

喝多就没法忽悠你了……

① 身份性格话中藏

什么人说什么话。好的对话不用长篇大论，寥寥数笔就能反映出人物的身份和性格。

比如故事中曹操问刘备谁是英雄，刘备这样回答：

"我这样的人哪认识什么英雄？不敢妄加评判。"

"我这样的人"是什么样的人？是不值一提的人，投靠曹操的无名小卒。"哪认识什么英雄"，意思是刘备是平庸之辈，交往的都是贩夫走卒，对曹操构不成威胁。他甚至还说"不敢妄加评判"，恨不得把"卑微"二字刻在脑门上。刘备势单力薄，所以他说话要谦虚谨慎，想保全自己，就要表现出自己胸无大志、见识浅薄的样子。一句话就把刘备的身份处境和性格特点写清楚了。

曹操是怎么论英雄的呢？

这些人都上不了台面！

您说得对！

他说："能算得上英雄的人，必须胸怀大志，腹有良谋，有包藏宇宙之机，吞吐天下之志！如今天下算得上英雄的，只有你我二人而已！"

志向远大，老谋深算，宇宙天地不在话下，世界这么大，英雄就咱俩。好家伙，连王婆都不敢这么夸。这句话把曹操胸怀天下，但嚣张跋扈的形象刻画得人木三分。

我们写人物对话的时候，也不需要长篇大论，只要符合人物的身份和性格，就能够精准体现人物的形象。

比如你走路时不小心打碎了同学的杯子，向他道歉，他会说什么呢？如果你的同学是个傲慢无礼的人，也许会说："你怎么这么笨！走路都走不好？"如果他是个随和宽容的人，也许会说："没关系的，谁都有不小心的时候。"如果他是个斤斤计较的人，也许会说："你得赔我一模一样的杯子，我今天都喝不到水了，你还要给我买水喝。"如果他是个暴躁的人，也许会说："你信不信我揍你？"……

你的主人公是什么身份？他的性格是什么样的？给他设计符合身份和性格的对话吧。

② 神态动作个性扬

描绘人物说话时的神态和动作，能让人物形象更鲜活。

如果对话是这样的：

刘备说："那荆州的刘表呢？有才华，名气也大，号称'八俊'之一呢！"

曹操说："刘表有名无实，没有进取心，不能算！"

对话符合人物的身份和特点，但是读起来平淡无味，不妨给他们加上神态和动作试一试：

刘备一脸愕然，皱着眉头问道："那荆州的刘表呢？有才华，名气也大，号称'八俊'之一呢！"

曹操连连摇头："刘表有名无实，没有进取心，不能算！"

刘备的答案都被否定了，他一面惊愕，一面皱着眉头绞尽脑汁地想答案。曹操连连摇头，对刘备的答案都不满意。两个人对话的画面一下子就浮现出来了，这样写比只写对话内容更生动。

把说话人的神态和动作写出来，画面感就会扑面而来，人物的个性就更突出啦。想一想，人物在说话的时候，会展现出什么样的神态，又会做出什么样的动作呢？注意：并不是每一句都要加上神态和动作。根据人物的状态和语言，选择最能体现人物形象的神态和动作写一写吧。

❸ 换个"说"法写文章

我们写语言最常用的就是谁谁"说"，形式单一，作文读起来就索然无味。换个"说"法，对话更精彩。比如：着急的时候，可以用"喊"；生气可以用"吼"；不满可以写"嘟囔"；开心的时候可以"哈哈大笑"，甚至可以什么都不用。

曹操又是哈哈一笑："这个人我了解，他虽然有实力，但缺乏胸襟和气魄，外强中干，遇上大事瞻前顾后，为了蝇头小利却连命都不要了，不算！"

刘备一脸愕然，皱着眉头问道："那荆州的刘表呢？有才华，名气也大，号称'八俊'之一呢！"

第一句直接用"哈哈大笑"带出要说的话，不用"说"字，读者也明白后面是曹操说的话。第二句用"问道"来代替"说"，表示询问，也能够避免形式单一。

"说"的位置也可以灵活多变：提示语放在前面，强调说话人的状态，如：不料曹操呵呵一笑："这小子不过是仰仗父辈而已，成不了大气候。"

提示语放在后面，强调所说的内容，如："江东的孙策，年少有为，勇冠三军，总算是了吧？"刘备嗓子都有点儿哑了。

提示语也可以放中间，让话语有停顿，如："如今天下算得上是英雄的，"曹操忽然回过头来，指了指刘备，又指了指自己，意味深长地说道，"只有你我二人而已！"

这种程度的"说"应该用哪个词表示？

血盆大口比较好！

也可以不加任何提示语，让对话更简洁流畅，如："那河北的袁绍呢？他可是名门贵族，亲朋故友遍布天下，手底下的小弟能人辈出，地盘也大，总算是英雄了吧？"

给作文里的"说"换个说法，换个位置，灵活写对话吧！

算了，不加了，送回去……

人，我给你带来了。

提示语 说

提示语 说

锦囊妙计

身份性格话里藏
神态动作个性扬
换个"说"法写文章
对话也能塑形象

秘籍
修炼

① 任务发布

你身边最有特点的人是谁，是爸爸妈妈，还是你最好的朋友？他（她）的性格有什么特点？你们的对话是怎么体现他这一性格特点的？想一想，写一写你们之间的对话吧。

（小学语文教材三年级下册第六单元习作：身边那些有特点的人）

发现我的特点了吗？

骨头不错！

② 名家示范

那天我又独自坐在屋里，看着窗外的树叶"唰唰拉拉"地飘落。母亲进来了，挡在窗前："北海的菊花开了，我推着你去看看吧。"她憔悴的脸上现出央求般的神色。"什么时候？""你要是愿意，就明天？"她说。我的回答已经让她喜出望外了。"好吧，就明天。"我说。她高兴得一会儿坐下，一会儿站起："那就赶紧准备准备。"

——节选自史铁生《秋天的怀念》

"我"的语言都非常简短，也没有写表情和动作。这是因为作者史铁生身患残疾，心情低落，面无表情，不想说话。而母亲关心儿子，想让他走出去，开心一些，又怕他不高兴，提建议的语气都带着央求和小心。儿子接她的话茬，她甚至喜出望外。看似卑微，实际上都是母亲对儿子的爱。话不在多，修饰也不用每一句都加，符合人物的身份和性格特点，就能把人物写活。

你身边最有特点的人是谁？他的特点是怎么体现出来的？来写一写你们的对话吧。

1. 他的身份和性格是怎样的？

2. 你们说了哪些话，说话时的表情和动作是什么样的？

3. 你可以用哪些词来代替"说"？

4. 试着变换提示语的位置，让文段看起来更丰富灵动吧。

在相应的方框里给自己打上"√"吧。

我的语言描写符合人物的身份、性格。□

我会用表情、动作来描绘人物说话时的状态。□

我能给"说"换个说法。□

第三章
孔明巧设"空城计"
——按下开关就活起来啦
动作描写

枣儿 饰 诸葛亮

小丸子 饰 司马懿

时光荏苒，岁月如梭，曹操和刘备两位英雄人物先后去世，他们开创的魏国和蜀国形成对峙局面。诸葛亮感念刘备知遇之恩，继承其遗志，挥师北伐。在他的英明领导下，蜀国战线平稳推进，接连打了好几个胜仗，形势一片大好。

这天诸葛亮正与众谋士开会，准备决战。忽然奏报说街亭送来图本，诸葛亮手中轻摇的羽扇顿时停住，眉头微微皱起，暗自思量，街亭是北伐的关键所在，已令马谡镇守，此时心中涌起不祥的预感：

"马谡惯常纸上谈兵，布防万不要误我大事。"

诸葛亮起身招手，命人将图本呈过来。众谋士们见他神色凝重，也都停止议论。接过图本后诸葛亮小心捧起，侧步移身来到标注地形的沙盘前，双手摊开图本，手指着一处一处仔细比对，忽然眉毛一紧，拳头狠狠地砸在桌案上："马谡无知！拖累我全军！街亭保不住了！"

（孔明唤入，左右呈上图本。孔明就文几上拆开视之，拍案大惊曰："马谡无知，坑陷吾军矣！"）

话音刚落，果然又传来消息：街亭已经被司马懿攻占了！

众人大惊，街亭失守，军队的通信和补给就跟不上了，前面的军队无法顺利作战，后方也没了安全保障，这场仗还怎么打？

诸葛亮捶胸顿足道："大势去矣，这是我的过失啊！"差点儿没跌倒在地上。

司马懿大军要来了!

这时城外的探子慌慌张张地跑过来,说司马懿率领十五万大军,正向这里杀来!

大家顿时惊慌失措,眼下城里只有两千老弱残兵,没有武将镇守,全是文官,如何挡得住这么多魏军?众官听到这个消息,尽皆失色。

情势危急,诸葛亮反而恢复镇定,眉头一皱,计上心来。

话分两头,却说司马懿这边好不容易逆袭,不禁扬扬得意,知道诸葛亮就在前面的小城里边,心想非把他活捉了不可。

不料刚到城下,他却看到了一幕意想不到的画面:只见城门大开,二十多个老百姓在那儿低头扫地。城头上也不见守军,只有诸葛亮和两个小童悠然地站在那儿,旁边还放了个案桌,上有一把七弦琴。

诸葛亮手摇羽扇,脸上笑容可掬,悠哉游哉地走到案桌前坐下,把羽扇轻轻放在一旁,神态悠闲地拈起一块檀香点燃,放入香炉之中,合上炉盖,顿时香烟氤氲。左侧的童子,手里捧着一把宝剑;立在右侧的童子，手里则执一杆拂尘。只见诸葛亮袍袖一抖，高高挽起袖子，将十根手指错落有致地搭在琴弦上，猛然一拨，如穿花蝴蝶般上下翻飞，凌厉的琴音顿时从指尖发出。

（孔明乃披鹤氅，戴纶巾，引二小童携琴一张，于城上敌楼前，凭栏而坐，焚香操琴。）

司马懿心中十分疑惑，诸葛亮葫芦里究竟卖的什么药？他连忙下令停止进军，伸着脖子打量四周，侧着耳朵仔细聆听诸葛亮的琴曲。

只听七弦琴发出铮铮之音，曲调浑然天成，指尖似有雄兵百万，鼓角争鸣，不禁让人胆战心惊。

曲子即将弹完，不料诸葛亮用力过猛，琴弦竟然崩断一根。他心中一颤："不好！"脸上却并不露声色，屏住呼吸望向城下，却见司马懿也大吃一惊，还以为这断弦是什么暗号，竟率领大军逃也似的离开了。诸葛亮这才长出一口气，用袖子擦了擦额上的冷汗，劫后余生般大笑着拍起手来。

（孔明见魏军远去，抚掌而笑。）

　　文官们十分疑惑，都跑过来问他，司马懿明明胜券在握，怎么就撤退了？还跑得跟兔子似的。

　　诸葛亮解释道："他料定我用兵谨慎，从不冒险，看到我这个样子，必然以为我有伏兵，所以被吓跑了。这是聪明反被聪明误啊！"说着又拈起那根崩断的琴弦，叹气道："要不是形势危急，我也不敢冒这样的险哪！"

　　众人恍然大悟，对他的智谋佩服得五体投地。

诸葛亮可真是"计"高人胆大，一把琴，一座空城，就能拒敌十五万。司马懿的大军浩浩荡荡到城下，怎么就不攻而退了呢？能把司马懿都唬住的动作表演，咱们可得好好研究。

动作描写就是对人物的行为、动作进行的描写，是塑造人物重要的方法之一。好的动作描写能够刻画人物的心理活动，反映人物的思

作者就写到这儿，后面没有动作描写了。

怎么了？

想品质，表现人物的性格特征。让人物从纸上"活"起来，动作描写就是开关。按下开关，我们看看人物是如何动起来的吧。

① 动词选择要瞄准

写最能表现人物形象的动作，选择最恰当的动词。

马谡如何布防决定了街亭能否守得住，因此布防图牵动着诸葛亮的心。他"小心捧起"图本，是因为他知道图本里的信息关乎生死！紧接着"侧步移身"来到沙盘前，他要检查马谡的布防是否有问题。双手"摊开"图本，用手"指着"——比对，这些动作都说明诸葛亮的小心谨慎，生怕错过一个信息。他的拳头"砸"在桌案上，心想"完了，街亭守不住了"，这是"多么痛的领悟"啊！

诸葛亮在我们心中是智慧的化身，胜利的象征。今天这个故事里

的诸葛亮有点儿不一样，他明知道马谡有纸上谈兵的毛病，还是把胜败的关键寄托在了他身上，怎么能不惊慌失措。

　　动词使用越精准，人物的形象就越鲜明。比如今天轮到你值日擦黑板，你会用什么样的动词来描绘擦黑板的动作呢？如果对着黑板"抡"圆了胳膊，可能你是个爱开玩笑的调皮蛋。如果你的右手拿着板擦左右"摆"动，一下挨着一下，可能你正在认真劳动。如果你擦完了黑板，把板擦轻轻"磕"一磕，把粉笔灰清理干净，可能你是个做事有始有终的人。你的主人公是个什么样的人？他做事的时候会做什么动作呢？

② 过程"连动"更传神

想要作文有话可说，人物形象更生动，就不能只写行动的结果，要写出行动的过程。

故事将"在城墙上弹琴"这一结果，分解成了多个连续动作。弹琴前，他"摇"羽扇，"走"到桌前，"坐"下，"放"下羽扇，"拈"香，"放"香，"合"上盖子。原来弹琴的准备工作这么多呀。接着，他"抖"袍袖，"挽"起袖子，手指"搭"在琴弦上，猛然一"拨"，美妙的琴音就流淌出来啦。每一步都这么精细，慢条斯理，给人一种从容不迫、气定神闲的感觉。诸葛亮真了不起，手里全是老弱残兵，面对大军压境，还能镇定自若，这心理素质太强了。难怪能骗过老谋深算的司马懿。整个过程，塑造出了诸葛亮有条不紊、胆识过人、足智多谋、临危不惧、胸有城府的形象。如果只说诸葛亮在城墙上弹琴，还真达不到这个效果呢。

用连续的动词来描绘行动过程，能让人物的形象更传神。比如炎热的夏天，你刚放学回到家，直奔冰箱去找冷饮的过程，你会用到哪些动词呢？可能你会以最快速度"甩"掉鞋子，"拽"下书包，往沙发上一"丢"，也不管书包飞到了哪里。赶紧向冰箱"奔"去，一把"扒"开冰箱门，"掏"出饮料，使劲儿一"拧"，右手一"抬"，清凉爽口的汽水就"灌"进干渴的喉咙里了。

想想看，人物的行动能分解出哪些动作过程呢？用连续的动词来描绘这个过程，你的人物形象不就更传神了吗？

真好喝呀！

汽水都喝完了，观察到什么没？

③ 心理辅助动作顺

一个个动词就像悦动的音符，可再好听的声音也不能一直响。心理描写就是乐章中的休止符，给音乐增加适当的停顿，整个乐章会更悦耳。在连续动作中加入心理描写，能够解释人物做出动作的原因，让人物行动的过程自然流畅。

听说诸葛亮在城楼上优哉游哉地弹琴，"司马懿心中十分疑惑，诸葛亮葫芦里究竟卖的什么药？"这是对司马懿心理的刻画。正是因为心中起疑，司马懿才会做出"连忙下令停止进军，伸着脖子打量四周，侧着耳朵仔细聆听诸葛亮的琴曲"这一系列的动作。

人物的心理直接导致了他的行为动作。琴弦崩断，司马懿"大吃一惊"，"以为这断弦是什么暗号"。这种多疑和谨慎的心理，导致了他决定"率领大军逃也似的离开了"。

如果没有心理描写，故事就变成了：司马懿兴师动众地来了，看到诸葛亮弹琴，就决定撤退。读者就会感到莫名其妙，难道司马懿和诸葛亮串通一气？这误会可就大了。所以你看，在连续的动作描写中间，加上人物的心理描写，多么有必要！

我们在描写人物动作的时候，也要去观察人物的心理是什么样的。比如写第一次骑自行车，"越想努力维持平衡越不知道往哪儿使劲"（心理描写），导致了"双手紧紧抓着车把左摇右晃"（动作描写）；"心下一横，想着迈出第一步就好啦"（心理描写），所以"右脚使劲一蹬，车子快速前进了两米"（动作描写），可是"大脑还没反应过来，突然一片空白"（心理描写），"手也松了，脚也停了，车子失去控制，往左一歪，连人带车摔了个结结实实"（动作描写）。这一段话就把第一次学骑自行车时复杂的心理变化和由此产生的曲折的骑车过程表现出来啦。

你在做连续动作的时候会有什么样的心理活动呢？试着给你的连续动作也加上恰当的心理描写吧。

锦囊妙计

动词选择要瞄准
过程"连动"更传神
心理辅助动作顺
人物动作形象真

秘籍
修炼

① 任务发布

作文题目：他 _____ 了

把作文题目补充完整，回想当时发生的事情，把这个人当时的表现写具体，运用动作描写，反映人物形象。

（小学语文教材五年级下册第四单元习作：他 _____ 了）

② 名家示范

我看见他戴着黑布小帽，穿着黑布大马褂，深青布棉袍，蹒跚地走到铁道边，慢慢探身下去，尚不大难。可是他穿过铁道，要爬上那边月台，就不容易了。他用两手攀着上面，两脚再向上缩；他肥胖的身子向左微倾，显出努力的样子。这时我看见他的背影，我的泪很快地流下来了。我赶紧拭干了泪，怕他看见，也怕别人看见。我再向外看时，他已抱了朱红的橘子往回走了。过铁道时，他先将橘子散放在地上，自己慢慢爬下，再抱起橘子走。到这边时，我赶紧去搀他。他和我走到车上，将橘子一股脑儿放在我的皮大衣上。于是扑扑衣上的泥土，心里很轻松似的，过一会说："我走了；到那边来信！"

——节选自朱自清《背影》

父亲先是"蹒跚地走"，再"探身下去"，爬上月台时先用手"攀"，再"缩"脚，身体向左倾……这些动作显得笨拙而吃力，就像父亲对儿子的爱。往回走时"抱"着橘子，表现出父亲怕橘子掉落而格外小心的样子；衣服沾上了泥土，暗示他买橘子的过程艰难，"扑扑"衣服的动作表示他为儿子买好橘子心里踏实、轻松。父亲对"我"的不舍、惦念、关心，都融入到买橘子的行动当中了。

你的亲人做了什么样的事情让你感受到了浓浓的亲情呢？把作文题目补充完整，运用动作描写把当时的过程写出来吧！

1. 他怎么了？把题目补充完整。

2. 选择恰当的动词来描述他的动作。

3. 用连续的动词来描绘他做事的过程。

4. 在连续的动作描写中间加上当时的心理。

在相应的方框里给自己打上"√"吧。

我会选择恰当的动词表现人物动作。□

我会用连续动词写过程。□

我会用心理描写分隔开连续动作。□

第四章

孟德智献七宝刀

——不用喝醉酒，也能吐真言

心理描写

枣儿 饰 曹操

小丸子 饰 董卓

话说黄巾起义平定后，大汉朝还没消停多久，就又出现了一个祸国殃民的大坏蛋——董卓。他仗着手下的军队把持朝政，残害忠良。大臣们对他恨得咬牙切齿，却都畏惧权势，敢怒不敢言。

正所谓不在沉默中爆发，就在沉默中灭亡。终于有个人勇敢地站了出来，决定刺杀董卓，替天行道，他就是曹操曹孟德。

曹操虽血气方刚，头脑却异常冷静，他知道董卓身边护卫很多，于是先假意投靠，获得接近董卓的机会，又跟司徒王允借了一把削铁如泥的七宝刀，用来对付董卓随身穿戴的软甲。

一切准备妥当，曹操便去了董卓府上："董相国在家吗？"

仆人回答道："在呢，就在那边小阁里。"

曹操心中一喜："小阁好啊，里面站不开人，你那些兵将护卫可就不能在身旁了！嘿嘿！"

曹操虽然心里高兴，脸上却不动声色，迈着小碎步就往小阁走去。到了屋里，曹操像往常一样恭敬地给董卓作揖："相国，下午好啊！"这腰刚弯下去，曹操就吓了一跳，只见董卓旁边还站着个吕布呢！

"糟糕！这可是个战斗力爆表的家伙，有他在，我岂能杀得了董卓？这可如何是好！"

曹操心里正打鼓呢，董卓慢悠悠地问道："孟德今天怎么来这么晚哪？"

曹操一听这话，眼珠子一转，连忙道："下官那匹马岁数大了，跑不快，相国恕罪！"

"哈哈！自己人客气啥！"董卓心里着实喜欢曹操这个人，大手一挥吩咐道："西凉正好来了一批好马，奉先你去牵一匹来，送给孟德！"

吕布领命离去，曹操心里那个乐呀："总算把这小子支开了！董卓老贼，现在屋里就咱俩人，你必死无疑！"

（布领令而出。操暗忖曰："此贼合死！"）

曹操心里想着，手就不自觉地握在了刀把上，一步一步慢慢地靠近董卓，就要拔出刀来了，却忽然看到董卓二百多斤的大体格，连忙忍住了激动的心和颤抖的手，心里捏了一把汗："这老贼力大无比，我要真跟他正面单挑，那不就好像是细胳膊拧大腿？可惜了这么好的机会，哎呀！真是到嘴的鸭子要飞了。"

（即欲拔刀刺之，惧卓力大，未敢轻动。）

恰逢此时，董卓打了个哈欠："岁数大了容易犯困，我眯一会儿。"说着，就躺上了床，面冲里边，把背露给了曹操。

曹操心里简直乐开了花："天助我也！我要是再不弄死你！汉高祖都不答应！"

（卓胖大不耐久坐，遂倒身而卧，转面向内。操又思曰："此贼当休矣！"）

说时迟，那时快，曹操眼中杀机一闪，拔刀在手，双手握住刀柄，冲着董卓后心窝就要捅下去。却不料董卓还没睡着呢，他床里面有块铜镜，透过镜子就看到一切，吓得他急忙回身坐起，喝问："你要干什么！？"

董贼，纳命来！

曹操先是一惊，接着又听到马蹄声，是吕布牵马回来了，心里急得恨不能找个地缝钻进去：

"这不就好像把我扔进冰窟窿了嘛！功亏一篑呀！不行，保命要紧！不要慌！不要乱！你可以的！"

曹操心里思绪万千，动作可一点儿没迟缓。只见他单膝跪地，双手由握刀改成捧刀，满脸谄媚地对董卓说道："相国送我宝马，我无以为报，特将我家传的七宝刀送给相国，以表达我的感激之情！"

（时吕布已牵马至阁外。操惶遽，乃持刀跪下曰："操有宝刀一口，献上恩相。"）

相国，你压我手了。

董卓仔细一看，刀身上镶嵌着七颗宝石，寒光凛凛，真是一把绝世宝刀。

董卓大喜："好刀啊！好刀啊！"说着便把刀接了过来。

曹操又把刀鞘一起献上，说道："我去试试马！"

董卓"嗯"了一声，点头默许，曹操连忙从吕布手里牵过马来，一溜烟地就往城门口跑去，再也没回来。

等到董卓反应过来，曹操早就跑回老家，准备招兵买马讨伐他了。

写作
心法

　　孟德献刀的故事一波三折，牵动着每个读者的心，曹操的内心想法经历了哪些变化，这些心理的波动又表现出他是个什么样的人呢？今天的写作心法，可不能错过。

　　心理描写是刻画人物内心世界和思想性格最直接的方法，能够最直观地表现出人物的心路历程。精彩的心理描写就像是导游，能够带领读者深入人物的内心，帮助读者倾听人物内心最真实的声音。

前面就是心门了，做好开心准备！

好冷的笑话！

① 心理不必写"心想"

心理描写常常由"想"等提示词来展开。例如我心想："为什么只有曹操决定刺杀董卓呢？是因为他比别人更勇敢吗？"可是如果文章中有多处心理描写，都用"想"做提示词，文章就会显得单调。我们可以用心理状态做提示语，引出具体的心理描写。

例如，"曹操心中一喜：'小阁好啊，里面站不开人，你那些兵将护卫可就不能在身旁了！嘿嘿！'"先说曹操"心中一喜"，再具体解释他为什么高兴：正谋划着要杀掉董卓呢，小阁里没有那么多护卫，更容易得手，怎么能不开心。这句话用人物当时的心理状态做提示词，引出了具体的心理描写，比用"想"更准确。

如果被好朋友冤枉，你的心情是什么样的？刚刚参加完长跑比赛，你会有什么样的感觉？不用"想"，你可以用什么词做引导语

呢？你可以说"我委屈得想哭"，再详细写心里的想法，"他为什么不相信我呢，我们不是最好的朋友吗"；你可以说"我被疲惫绑住，动弹不得"，再具体展开写"如果我眼前有一张松软的大床该多好，我就躺在上面，谁拉也不起来"。试着把你作文里的"想"和"心想"用恰当的心理状态替换掉吧。

② 心情波动显形象

人的心理不是一成不变的，波动的心理更能体现人物的形象。

在这则故事中，曹操的心情经历了三起三落：

第一起：小阁人少，便于刺杀，他心中大喜。

第一落：吕布在侧，曹操不好下手，又担忧起来。

第二起：吕布去给曹操选马，离开了房间，曹操又有了下手的机会，觉得这次董贼必死。

第二落：董卓力气大，曹操怕自己不是他的对手，不敢贸然出手。

第三起：董卓躺下睡午觉，给了曹操可乘之机，他心里乐开了花。

第三落：董卓从镜子里发现了曹操举刀的动作，吕布也回来了，情况危急，他的心情就像被扔进了冰窟窿。

刺杀是一项难度非常大的任务，曹操先后因为地点、人员、敌我差异、时机而心情起落，说明他胆大心细，有勇有谋。最后千钧一发之际，他把"举刀"变为"献刀"，随机应变让他转危为安，难怪东汉著名评论家许劭说他是"治世之能臣，乱世之奸雄"。这些性格特点都是通过曹操的心路历程展现出来的。

我们在描写人物的时候，也应该细心观察人物的心理变化，写出人物心中的起伏。比如爸爸妈妈答应周末带你去游乐园，你会有什么样的心情？周五天气预报说那天会下大雨，可能去不成了，你的心情又会产生什么样的变化？你可能会伤心大哭一场，也可能安慰自己下周再去，还有可能随机应变，请爸爸妈妈带你去室内游乐场……性格不同，你的心理反应可能也会大相径庭。

到了周末，居然没有下雨，游乐园之旅可以如期进行，你的心情又会如何变化？刚要出门，发现预订好的门票怎么也找不到了，你的心情又会变成什么样呢？在心情的波动过程中，你的性格特点也会展露无遗。想要精准刻画人物，就观察你的主人公有哪些性格特点，这些性格特点会让他产生什么样的心理波动吧。

③ 心理精彩靠"好像"

有一个词会魔法，用了它，你的心理描写就会变生动，这个词就是"好像"。

上文说到董卓很胖，力气很大，曹操怕打不过他："这老贼力大无比，我要真跟他正面单挑，那不就好像细胳膊拧大腿？可惜这么好的机会，哎呀！真是到嘴的鸭子要飞了。"

想象这样的画面，曹操伸出细胳膊，要去抓董卓粗壮的大腿。哪里能抓得住，肯定会被董卓放倒，兴许还会被董卓拖着跑呢。这样一想，是不是觉得曹操有点儿可怜啦？可不能跟董卓硬碰硬呀。

再看第二个例子，曹操行刺被发现了，这么凶险的情况把曹操吓坏了，怎么把这种心理表现出来呢？故事里写道："这不就好像把我扔进冰窟窿了嘛！"想象一下，董卓把曹操五花大绑吊在冰窟窿里，他肯定牙齿打颤，全身发抖，用不了多久就一命呜呼了。可不能让董卓给扔冰窟窿里，得赶紧想办法保命！曹操此时极度害怕的心理，用"好像把我扔进冰窟窿"形容得多贴切啊！

我们如何用"好像"来刻画心理呢？当你伤心流泪时，会想到什么呢？你可能会想："我的眼睛好像两个坏掉的水龙头，泪水一直往外冒，怎么修也修不好。"当你听到一段优美的钢琴曲，感到放松、舒适，这种感觉你还在什么情况下感受过？你也许会想："听着钢琴曲就好像在清凉的夏夜海边，吹着温柔的风。"

发现了吗？内心的想法和感受让你想到了什么，用"好像"把它描绘出来，就变得生动形象啦。生活中并不缺少这种灵光乍现，只是你没有注意到。下次一定要记录下来，它们都会变成你作文中的绝佳素材。请注意，"好像"也可以换成"像""就像"甚至"是"等同一个意思的词哦！

再哭，我就给你修好！

锦囊妙计

心理不必写"心想"
心情波动显形象
心理精彩靠"好像"
人物心理不用藏

① 任务发布

"我的心儿怦怦跳"——你经历过什么事会让你心儿怦怦跳呢？当时你的心情又是怎么样的呢？

（小学语文教材四年级上册第八单元习作：我的心儿怦怦跳）

② 名家示范

她的一双小手几乎冻僵了。啊，哪怕一根小小的火柴，对她也是有好处的！她敢从成把的火柴里抽出一根，在墙上擦燃了，来暖和暖和自己的小手吗？她终于抽出了一根。哧！火柴燃起来了，冒出火焰来了！她把小手拢在火焰上。多么温暖多么明亮的火焰啊，简直像一支小小的蜡烛。这是一道奇异的火光！小女孩觉得自己好像坐在一个大火炉前面，火炉装着闪亮的铜脚和铜把手，烧得旺旺的，暖烘烘的，多么舒服啊！哎，这是怎么回事呢？她刚把脚伸出去，想让脚也暖和一下，火柴灭了，火炉不见了。她坐在那儿，手里只有一根烧过了的火柴梗。

——节选自安徒生《卖火柴的小女孩》

　　《卖火柴的小女孩》的故事大家耳熟能详，作者用第三人称讲述了小女孩的悲惨遭遇。她太冷了，擦着了火柴取暖。一根火柴的温度让小女孩想到的是烧得旺旺的大火炉，又温暖又舒适，所以作者写她"好像"坐在大火炉前。可是一根火柴燃烧的时间能有多长呢？小女孩很快就从美好的幻想里清醒过来了。小女孩擦着火柴以后的感觉越美好，就越衬托出现实中她的悲惨。

　　你经历过什么让你的心怦怦跳的事情吗？你在经历这件事的时候产生了什么样的心路历程呢？把独特的心路历程写出来吧。

　　1. 你经历了什么令心儿怦怦跳的事？

　　2. 经历的时候你的心情是什么样的？

　　3. 这份心情会让你想到什么呢？

　　4. 用心理状态做引导语，写一写你的心情吧。

在相应的方框里给自己打上"√"吧。

我会用心理状态做引导语写心理。□

我会写心理波动。□

我会用"好像"写心理。□

第五章

周郎谈笑宴群英

——喜怒哀乐都靠它

神态描写

小丸子 饰 蒋干

枣儿 饰 周瑜

话说赤壁之战，曹操和周瑜两方隔着长江对峙，周瑜的军队人数太少，胳膊拧不过大腿。曹操人多势众，却不擅打水战，不敢贸然出击，双方只能慢慢耗着。

这天曹操手下有位谋士蒋干站了出来，主动请缨要去劝降周瑜，他跟周瑜自小就是同窗，自认有情分在。曹操奔着死马当活马医的心态，就让蒋干去了周瑜的军营。

却说蒋干到了营门口，左等右等不见周瑜出来，忍不住皱起眉头，当初只顾夸下海口，万一说不动周瑜，可咋办呢？

正发愁呢，营门忽地大开，两队军士整齐地列阵欢迎。蒋干一脸狐疑地跟着走进大营，周瑜正意气风发地坐在帅座上，两边坐着东吴数十名文武官员，宴席大摆，就等着蒋干入座了。

（瑜整衣冠，引从者数百，皆锦衣花帽，前后簇拥而出。）

蒋干有点儿被这个阵势吓住了，尴尬地跟周瑜打招呼："公瑾别来无恙啊！"

周瑜并无答话，用意味深长的眼神注视蒋干，缓缓走下帅座，来到蒋干身前，忽然面色一沉："子翼远道而来，是给曹操当说客的吗？"

（瑜曰："子翼良苦，远涉江湖，为曹氏作说客耶？"）

蒋干吓了一大跳，面色煞白，忙道："我们分别多年，特意找你叙旧，你竟然怀疑我！那我这就告辞了！"

（干愕然曰："吾久别足下，特来叙旧，奈何疑我作说客也？""足
下待故人如此，便请告退。"）

周瑜立刻回嗔作喜，哈哈大笑道："我也想念你啊！就怕你是曹
操派来当说客的，既无此心，就不要着急走了！"

（瑜笑而挽其臂曰："吾但恐兄为曹氏作说客耳。既无此心，何
速去也？"）

蒋干擦了一把汗道："当然不是了！"

周瑜大笑着挽起蒋干的手，跟众人介绍："子翼是我同窗好友，
特意来看望我，你们不可怀疑他！我大摆宴席，就是为了欢迎子翼
的！今天我们只饮宴叙旧，不准说与曹操、东吴军队有关的事！违
者斩！"

东吴的官员们一齐应和，蒋干被吓唬得一愣一愣的。

周瑜又拉着蒋干在军营里游走一圈，风度翩翩，谈笑自若。蒋干

却好像是兔子跑到了狼窝里，战战兢兢，手脚都冒汗啦。

酒过半旬，周瑜已经大醉，眼神迷离间，不时地大笑，大着舌头问道："老同学，看我手下这些将士如何？"

蒋干连忙吹捧道："真是虎将熊兵！名不虚传啊！"

周瑜狂笑一番，忽然剑眉一挑，双目变得炯炯有神，显露出一种傲视群雄的气魄："今日，江东的俊杰都云集于此，真可谓'群英会'啊！"

"好名字！好名字！"蒋干苦笑着捧场。

周瑜直勾勾地盯着蒋干，眼神锐利地说道："大丈夫活在世上，施展一腔抱负，与君主情谊又如同手足一般，荣辱与共！夫复何求？就算是张仪、苏秦复出，又岂能动摇我的忠心？"说罢仰天长笑。

蒋干听完这番话，哭也不是，笑也不是，周瑜如此英雄气概，又怎么会被劝降呢？

（蒋干面如土色。）

入夜，蒋干偷了蔡瑁、张允写给周瑜的书信，连夜逃回对岸，给曹操交差，却不料这正是周瑜的反间计。周瑜早知道蒋干此行的目的，故意伪造书信，让蒋干偷走，借此除掉蔡瑁和张允。因为这两个人都精通水战，作战时会对东吴不利。

曹操果然中计，直接杀了蔡瑁、张允，也间接导致了赤壁之战的失败。这就是"群英会"后话——"蒋干盗书"的故事了。

　　蒋干奉命来劝降周瑜，谁知周瑜已经为蒋干准备了"反间计豪华套餐"，就等宴会开席啦。蒋干和周瑜各怀目的的心理攻防战，拼的就是"演技"。今天我们就分析分析，蒋干和周瑜脸上的"演技"——表情——有多精彩吧。

　　神态描写指的是把人物的面部表情用准确、生动的语言表达出来，是塑造人物形象必不可少的方法之一。好的神态描写，就像一台高清摄像机，能够把人物的性格和心理变化过程清晰地展现在观众面前。

① 画人要"点睛"

夸一个演员的演技好，常常会说他"眼睛里头都是戏"。刻画人物的神态，可以着重描绘人物的眼睛。

蒋干是来劝周瑜投降的，东吴缺兵少将，士气低迷，他最想看到的是周瑜被曹操吓破了胆。周瑜才不让蒋干如愿，我们看看周瑜是如何用"眼技"挤兑蒋干的："周瑜狂笑一番，忽然剑眉一挑，双目变得炯炯有神，显露出一种傲视群雄的气魄。"哎呀，周瑜要被自己给帅翻了，眼神里的意气风发，给蒋干传递了一个信息：我不好惹。接下来周瑜又用眼睛打出"直拳"，"直勾勾地盯着蒋干，眼神锐利"，不给蒋干避开他的机会，慷慨陈述自己对东吴的忠心绝不动摇。

这一套"眼技"组合拳，拳拳正中蒋干的软肋，看着周瑜义正辞严的表情和刀子一样锋利的眼神，蒋干是脸上笑嘻嘻，心里血在滴呀，准备好的一大套说辞，一句也用不上。怎么样，"'眼'技"的

效果是不是特别好？

现实生活中，我们描写人物的神态就可以关注眼睛。当你愤怒的时候，可能拧着眉头，瞪圆了眼睛，紧紧盯着对方；当你读书读到精彩之处时，眼睛里闪耀着光芒，乌溜溜的眼珠来来回回，扫视书本上的词句；当你生病时，可能眼窝凹陷，眼圈发黑，眼皮似有千斤重，眼睛露出疲惫恍惚的神色……关注周围人的神态，观察他的眼睛，猜猜他的眼睛里流露出什么样的神情，眼神里写着什么样的故事。

② 比喻写神情

怎样才能把抽象的神态变得具体可感，让读者一看就能在脑海里形成画面呢？关键时刻还得用修辞，比喻就是不错的选择。

为东吴百官介绍蒋干时，周瑜颁布了命令——谁提曹操和东吴军队就砍谁的脑袋，偏偏蒋干装了一肚子"曹操"要讲。周瑜带他参观军营，参观了还不让他提曹操，提了就掉脑袋，让谁谁不害怕呀。周瑜"风度翩翩，谈笑自若"，他的蒋同学"却好像是兔子跑到了狼窝里，战战兢兢，手脚都冒汗啦"。对于蒋干来说，这哪里是参观，这显然就是在示威，就是"东吴大阅兵"啊。如果只说害怕，读者感觉不到蒋干到底有多害怕。故事用了一个比喻：兔子跑到了狼窝里，这不是要命吗？太吓人了，难怪蒋干吓得手脚都冒了汗。再说，蒋干只身闯东吴，他可不就是进了狼窝的小白兔嘛，他的紧张心情和身份处境马上就生动可感了，这个比喻，是不是妙极啦？

我们在描写神态的时候，就可以选择最能够表现人物心理、刻画

人物形象的神态，运用恰当的修辞手法，如比喻，来描述神态，让人物的形象更立体。比如想表达愤怒的情绪，就可以说：他把牙咬得咯咯响，一双眼睛瞪得老大，像一头愤怒的野兽。再比如想刻画和蔼可亲的形象，就可以说：她的眼睛里含着笑意，看向你的眼神，就像春日里的暖阳，夏日里的微风。

写作文就像开宴会，比喻就像是香喷喷的肉，可是如果满桌子都是大鱼大肉，谁都会腻的。因此比喻虽好，可不要贪多哟！

③ 语动神"不宁"

你在读故事的时候有没有发现，神态描写常常不是单独出现的，它有两个可爱的小伙伴，一个是语言描写，一个是动作描写。它们俩都说神态描写是自己最好的朋友，因为有了神态描写，它们才更加生动、鲜活。所以我们不妨让神态描写带着语言和动作一起"飞"。

蒋干刚到东吴，周瑜问蒋干是不是来给曹操当说客的。如果不加任何神态和动作的描写，我们就不知道这句话周瑜究竟想表达什么意思，他是试探还是威慑。他是真不知道还是明知故问呢？故事中写周瑜问这句话时，"用意味深长的眼神注视蒋干，缓缓走下帅座，来到蒋干身前，忽然面色一沉"。有这一句神态描写我们就清楚了，他在威慑蒋干。蒋干在周瑜意味深长的注视下，心里肯定开始慌了。堂

堂东吴大都督，缓缓走下帅座的过程，就给人一种不怒自威的感觉。这个时候脸色再沉下来，真是吓死人了。这么一套神态加动作的高超演技，一下子把蒋干的心理防线给击垮了，好像答"是"就会被拖出去斩首一样，他只能连连否认。

不是来劝降的？那就好，来来来，让东吴的将士们见见我的老同学。"周瑜大笑着挽起蒋干的手，跟众人介绍……"大笑的神态显示出周瑜因为好朋友来，多么开心；挽着蒋干的手这一动作，表现出周瑜对老同学的热情。周瑜一连串的语言和动作，都因为有了神态的刻画更显得真诚，让蒋干误以为周瑜对他放下了防备。我们在写语言和动作的时候，不妨也加上恰当的神态，让人物的形象更逼真。

比如踢毽子比赛时，你的表情是什么样的呢？可能你的"眼神

像敏锐的猎人，紧紧抓着上下翻飞的毽子，鼻翼配合踢毽子的节奏一扇一扇地呼吸。左脚用细碎的步伐踏地，保持平衡，右脚一下一下地盘起，精准迎接快速下落的毽子。胳膊暗暗使劲，僵硬地贴在身体两侧"。比如第一次做菜，请爸爸妈妈品尝的时候，你的表情是什么样的呢？你可能会小心翼翼地捧着盘子，嘴角上扬，带着自豪的神色，就像小狮子第一次凭自己的本事捕捉到了猎物，满怀期待地说："快来尝尝我做的菜！"留心观察人们说话或做事时的神态表情，把它刻画出来吧。

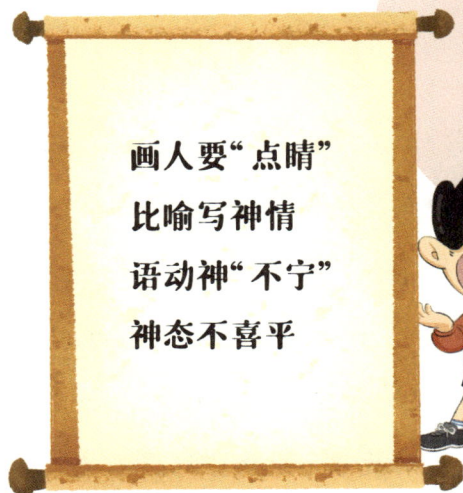

锦囊妙计

画人要"点睛"
比喻写神情
语动神"不宁"
神态不喜平

① 任务发布

我们的身边，总有形形色色的人，你最想把谁介绍给大家呢？不但要把事例写具体，把人物的行动、语言、神态刻画出来，还要抓住最能表现人物鲜明特点的细节，如一句话、一个动作、一个眼神等，将它们捕捉下来，使读者如见其人，如闻其声。

（小学语文教材五年级下册第五单元习作：把一个人的特点写具体）

② 名家示范

当外婆微笑时，那像黑樱桃似的黑眼珠睁得大大的，放出难以形容的愉快的光芒，笑容里愉快地露出坚固的白牙齿，尽管黑皮肤脸颊上有不少皱纹，但整个面孔显得年轻、明朗。但这些被一个鼻孔肿大的带红鼻尖的塌鼻子给破坏了……她全身衣服都是黑色的，但通过眼睛，从内到外放射出永不熄灭的、快乐而温暖的光芒。她背弯曲着，几乎成了驼背，很胖，但行动就像一只大猫那样敏捷，而且柔软得也像这种温柔的动物。

　　她来之前，我仿佛是躲在黑暗中睡觉，但她一出现，就把我叫醒了，带我到光明的地方，把我周围的一切连成一根不断的线，织成一个五彩斑斓的花边，她马上成为我最贴心的知己、最珍贵的人。

——节选自高尔基《童年》（有改动）

其实一个人脸上的表情是什么样的，通常就意味着他的内心是什么样的。作者着重描绘了外婆的眼睛，并且提到了外婆眼睛里"放射出永不熄灭的、快乐而温暖的光芒"，这是外婆内心迸发的生命的力量。难怪外婆给"我"的童年带来了光明和温暖，成了"我"最贴心的知己、最珍贵的人。

你身边有什么样的人？他给你带来什么样的感觉？运用神态描写，把他的特点写出来吧。

1. 他是什么人？

2. 他脸上的表情是什么样的？

3. 他的眼睛流露出什么样的神情？用比喻来描绘吧。

4. 他做出这种表情时，说了什么话，做了什么动作呢？

在相应的方框里给自己打上"√"吧。

我会描写眼睛传达的表情。□

我能用比喻来描绘神态。□

我会给动作和语言加上神态描写。□

086

第六章

关公"温酒斩华雄"

——句句没说他，句句都是他

侧面描写

枣儿 饰 曹操

小丸子 饰 华雄

话说曹操刺杀董卓失败，跑回老家后，便伪造了一份圣旨，召集天下诸侯一起讨伐董卓，一时间共有十八路诸侯在孟津会盟，大家一致推选出身名门贵族的官二代袁绍当盟主。

关羽 本色出演

　　董卓听说诸侯们组成联军要来收拾自己，当时就坐不住了，派出手下大将——西凉猛将排行榜名列第二的华雄前去迎敌。

华雄的武功在西凉仅次于吕布，那是相当强啊，根本不把十八路诸侯放在眼里，扛起大刀就去诸侯联军驻扎的大寨前单挑。

袁绍正跟诸侯们开会，听说华雄叫阵，忙问谁敢出战。袁绍的弟弟袁术麾下有一员大将俞涉，武艺不俗，当即站出来说道："小将愿往！"

袁绍大喜，于是派俞涉出去应战，哪知俞涉上前"帅"不过三秒，就被华雄砍了。小兵连忙跑回来禀告，说俞涉被秒杀了。众诸侯大吃一惊，没想到华雄这么厉害。

（绍喜，便着俞涉出马。即时报来："俞涉与华雄战不三合，被华雄斩了。"众大惊。）

袁绍一看这不行啊，仗还没打，气势可不能输，必须把华雄除

掉。正好坐在他旁边的冀州牧韩馥手下有一员猛将，叫潘凤，武器是一把巨大无比的开山斧，在冀州那也是响当当的人物！韩馥当即推荐潘凤出战华雄。

那潘凤早就心急如焚了，立刻跑出去应战。哪承想这潘凤也没撑多久，又送了人头！

小兵屁滚尿流地跑回来禀报，诸侯们都被吓破了胆，袁老大连问三声还有谁出战？大家都装聋作哑，默不作声。

（潘凤手提大斧上马。去不多时，飞马来报："潘凤又被华雄斩了。"众皆失色。）

袁绍长叹一声："可惜我的上将颜良和文丑不在啊，但凡有一个在，都能大败华雄！"

话音刚落，忽然一个人大喊道："我愿出战，把华雄的脑袋拎过来！"

众诸侯都愣了，这是谁啊？口气可不小。大家往下一看，只见这个人身高九尺，赤面长须，威武不凡，正是刘备的二弟——关羽。

袁绍不着急让关羽出战，却先问他现在的职务是什么。关羽当时没有官职，在刘备手下充当马弓手。大家一听，这就瞧不上了，尤其是袁绍的弟弟袁术当时就下令要把关羽给轰出去。

曹操看关羽仪表不俗，气质更是威风凛凛，连忙帮着打圆场，说好话。关羽立下军令状，袁绍这才同意让关羽出战。

曹操特意命人烫好一杯热酒，给关羽壮行。关羽说："酒不着急喝，我去去就回！"说着提刀上马，冲出营外。

众诸侯只听得外面军鼓之声、将士呼喊之声有如天崩地裂、山呼海啸一般，震耳欲聋。

（众诸侯听得关外鼓声大振，喊声大举，如天摧地塌，岳撼山崩，众皆失惊。）

众诸侯都吓得面无人色，心想不会又有一颗人头落地了吧？正准备派探子出去打听情况，忽然马铃声响起，只见关羽骑马冲进营帐之中，将华雄的人头扔在地上，下马复命。他手中那杆青龙宝刀寒光闪烁，灿如霜雪；身上鹦鹉战袍，随风摇曳，宛如天神下凡。

曹操又端出给关羽壮行的那杯酒，发现酒还是温的呢！

（正欲探听，鸾铃响处，马到中军，云长提华雄之头，掷于地上，其酒尚温。）

籍籍无名的关云长，从无人知晓走向天下闻名的第一站就是"对阵大将华雄"。关云长有多厉害？不知道，但是我们知道华雄有多厉害，他连斩两员大将，很是了得。关羽把华雄打败了，所以关羽更厉害。为什么没写关羽，关羽却一战成名了呢？今天的写作心法，我们来学侧面描写。

侧面描写，指的是作者通过对周围人物或环境的描绘来表现要描写的对象。侧面的对比或衬托，能够让主人公的形象更为突出。精妙的侧面描写是正面描写强有力的补充，就像一张风格突出的人物写真离不开精心设计的背景来衬托。那么侧面描写是如何突出人物形象的呢？

你是怎么战胜华雄的？

想听，想听！

① 他人衬托

侧面描写最常用的方法就是通过写别人来衬托主人公。

华雄，西凉猛将，是董卓座下仅次于吕布的将军。俞涉、潘凤都是当时的名将，这样的人在华雄面前，都只有被秒杀的份儿，吓得袁绍等诸侯们胆战心惊，一时之间谁也不敢出来应战。你说华雄勇猛不勇猛！然而，故事极力渲染的威猛将军并不是主角，他是为了陪衬而生的绿叶。

我们的主角关羽从一个小角落里站了出来。当时关羽的身份是刘备身边的马弓手，地位卑微到与他们说句话的资格都没有。难怪袁术认为他捣乱，要把他赶出去。英雄就是英雄，即使被埋没在虾兵蟹将中间，也一定有大放异彩的时刻。但故事没有直接描绘关羽如何神勇，如何斩杀华雄，而是直接跳到结果——关羽轻轻松松完成了任

别再出"布"了，以后换个动作！

我真的不甘心啊！

务。华雄的地位越高，能力越强，越能够衬托出关羽的武艺超群、气势非凡。

我们在刻画人物形象的时候，可以给人物设置一个参照对象，借着描写他人，来突出主人公的人物形象。比如，你想写语文老师很受同学们喜爱，可以写"每到下课，总能看到同学们往语文老师的办公室钻，办公室里经常传来愉快的谈笑声。每节语文课的下课铃是同学们最讨厌的声音，同学们脸上带着遗憾和意犹未尽的神色，都希望下课铃响得晚一些，再晚一些"。用同学们的表现来衬托语文老师受同学们的欢迎。

你要写的人物有什么特点？他的特点能跟周围的人建立起什么样的联系？周围的人有哪些行为或反应能够体现主人公这一特点呢？

❷ 环境衬托

没想到吧，侧面描写还能通过环境来衬托人物呢。

话说关羽毛遂自荐去对战华雄，故事着重描绘了将士们的军鼓之声、呼喊之声。如果关羽像前两个倒霉蛋一样，三下五除二就被华雄给撂倒了，怎么会有这样的声音。所以说环境也可以衬托人物。

想象一下，军鼓雄浑铿锵的声音激励着决斗者的斗志，两将交战的场面让将士们看得心潮澎湃，才会发出天崩地裂、山呼海啸、震耳欲聋的呼喊声，可见场上两位主角的决斗是多么精彩。故事仅仅描绘了当时环境中的声音，就把战况激烈、关羽的武艺高超给表现出来了，是不是妙极啦。

心烦的时候，大晴天你可能觉得阳光太晒了，下雨天你可能觉得太压抑了。心情愉悦的时候，可能晴天在你看来是阳光明媚，雨天在你看来是万物清明、空气新鲜。你怎样描绘周围的环境，就反映出你的心情想法是什么样的，这就是环境对人的衬托作用。我们在描写人物时，可以关注人物所处的环境，让环境来衬托人物的形象。

人物的生活环境，也能够暴露出人物的性格喜好。比如你想写一位朋友爱读书，不仅可以描写他看书的画面，谈论书的语言，还可以描绘他的房间："书架里塞满了书，书桌上放着的也是书，每一本中间都伸出很多五颜六色的标签，这些书他都认真读过。床头枕头下，还藏着一本翻开的书。"房间里随处可见都是书，他这个铁杆书迷的身份怎么藏也藏不住啦。你的主人公有什么形象特点？什么样的环境能够衬托出他的形象？别忘了给你的人物设计一个符合他独特形象的背景。

铁杆书迷啊，佩服佩服！

你来书店打工也可以！

❸ 物品衬托

别小看文章中不起眼的物品，也许它们身上肩负着重要的任务呢。

三国时代没有钟表，要怎么表示时间呢？故事非常智慧地用到了酒。曹操慧眼识英雄，派人给关羽烫酒壮行。关羽说酒不着急喝，去去就回，这杯酒就放下了。关羽完成任务回到营帐中时，曹操又端出那杯酒，酒居然还温热着。酒还温热说明时间之短，表明关羽打败华雄的速度之快，关羽堪称当世英豪。这种借物品来衬托人物的设计真是匠心独运，精妙绝伦。

物品也能衬托人物形象，关键在于你能不能用一双会发现的眼睛去找到它。什么物品最能体现妈妈勤俭节约的美好品质? 是那双穿了很多年都舍不得换掉的鞋子, 还是那件用细密的针脚补上还绣了花遮盖住破洞的睡衣? 当你想描绘一个人的时候, 你能想到跟他有关的物品是什么呢? 这件物品是怎么衬托出他形象的呢? 赶紧去找一找吧!

锦囊妙计

他人衬托
环境衬托
物品衬托
侧面描写

秘籍
修炼

① 任务发布

我们身边总有些人能给我们留下深刻的印象，他们是谁呢？他们又做了什么样的事给你留下了深刻的印象呢？试着用侧面描写衬托人物的形象吧。

（小学语文教材六年级上册第八单元写作任务）

② 名家示范

吃饭的人伸脖一瞧，这泥人真捏绝了！就赛把海张五的脑袋割下来放在桌上一般。瓢似的脑袋，小鼓眼，一脸狂气，比海张五还像海张五。只是只有核桃大小。

海张五在那边，隔着两丈远就看出捏的是他。他朝着正走出门的泥人张的背影叫道："这破手艺也想赚钱，贱卖都没人要。"

泥人张头都没回，撑开伞走了。但天津卫的事没有这样完的——

第二天，北门外估衣街的几个小杂货摊上，摆出来一排排海张五这个泥像，还加了个身子，大模大样坐在那里。而且是翻模子扣的，成批生产，足有一二百个。摊上还都贴着个白纸条，上边使墨笔写着：贱卖海张五。

——节选自冯骥才《俗世奇人》

海张五是个仗势欺人、狂妄自大的土豪，在饭馆吃饭的时候侮辱了泥人张，泥人张就用鞋底的泥捏了一个海张五。选段部分作者从饭店里食客的视角来刻画泥人张的手艺，说泥人就好像把海张五的脑袋割下来放在桌子上一般，可见大家对海张五多么鄙视和痛恨。作者还从海张五的角度出发，说海张五"隔着两丈远"就能看出核桃大小的泥人捏的是他，可见泥人张技艺高超，堪称一绝。

你的身边有没有给你留下深刻印象的人呢？运用侧面描写，写一写这个给你留下深刻印象的人吧。

1. 人物做了什么事情给你留下了深刻印象？

2. 人物处在什么样的环境中？

3. 你打算用什么人或者物品来侧面衬托他的形象？

4. 用侧面描写让他的形象更突出吧。

在相应的方框里给自己打上"√"吧。

我会用其他人物来
侧面衬托。□

我会用环境来
侧面衬托。□

我会用物品来
侧面衬托。□

第七章

威震长坂张翼德

——给你的人物化化妆

夸张变形

枣儿 饰 张飞

小丸子 饰 赵云

却说曹操统一北方后，便挥师南下，准备吞并荆州和东吴。当时刘备就在荆州，见曹操大军压境，便往江夏逃去。

曹操把刘备视为心腹大患，派出虎狼一般的大队骑兵，昼夜不停地追杀刘备。刘备为照顾受难的百姓，行军缓慢，刚走到当阳县长坂坡，就被曹操追上。

一场混战下来，整个长坂坡乱成了一锅粥，百姓们哭天喊地，刘备更是被追得找不着北，连老婆孩子都丢了。幸亏张飞勇猛无敌，护

103

着他杀出一条血路，这才有工夫歇歇脚。

哪知还没来得及喘口气，刘备的小舅子糜芳就哭着跑过来，说赵云投降曹操去了。

刘备心里是一百个不相信："子龙和我们多少年的交情了，患难与共，怎么可能降曹？"

可一旁的张飞却登时跳起脚来："这小子竟敢如此不讲义气，我非得找他算账不可！"

刘备一个没拉住，张飞就带着二十个骑兵往战场那边去了，刚走到长坂桥，见桥东一带的树林非常茂密，他顿时心生一计，命令军士砍一些树枝拴在马尾巴上，然后在树林后面来回驰骋，搅起烟尘。

这时被赵云救下的简雍从桥对面跑来，跟张飞说明情况，他才知道赵云是寻找刘备的老婆孩子去了，没有投敌。

张飞转怒为喜，就在这里把守大桥，终于等到赵云救了阿斗回来，他让赵云去见刘备，自己留下断后。

再说曹操这边人多势众，却被赵云单枪匹马杀了个七进七出，那是一点儿面子都没有啊。曹营一班大将都咽不下这口气，死咬着赵云不放，一直追到了长坂坡。

却见一员猛将守在桥头之上，胡须倒竖，如同猛虎！环眼圆睁，好似铜铃！手里握着的长矛仿佛一条巨蟒，吐露着蛇信，整个人就像是一座巨大的铁塔矗立在那里，让人望而却步。

（只见张飞倒竖虎须，圆睁环眼，手绰蛇矛，立马桥上；又见桥东树林之后，尘头大起，疑有伏兵，便勒住马，不敢近前。）

大伙都勒住马，不敢轻举妄动。又见桥东树林里烟尘滚滚，疑似有伏兵，于是都停在桥西，派人去向曹操报告。曹操听说后亲自跑到阵前来，要看看这是何等样人。

却听张飞厉声大喝："我乃燕人张翼德也！谁敢和我决一死战？"

这一嗓子，好比是耳边炸起一个巨雷，震得人耳朵嗡嗡作响，曹营士兵听了，大腿都忍不住打战。心想这哪里是人呀，简直是天上的黑雷公下凡！

（飞乃厉声大喝曰："我乃燕人张翼德也！谁敢与我决一死战？"

声如巨雷。曹军闻之，尽皆股栗。）

　　曹操听得也是心惊肉跳，跟旁边人说道："当年关羽跟我说，他兄弟张飞在百万大军中取上将首级如探囊取物。"

　　张飞又是大喝一声，问谁敢过来单挑，曹军这边没一个敢吱声的，站在队伍后边的小兵还有点儿想逃跑的架势。

　　张飞见了，又挥了挥手中钢矛，大吼道："打，你们不敢打，退，你们也不退，到底想干啥？"

　　这话音还没落，曹操旁边的将军夏侯杰就被吓得肝胆碎裂，从马上一头栽倒在地上，苦胆汁都吐出来了，眼看是没救了。

　　（飞望见曹操后军阵脚移动，乃挺矛又喝曰："战又不战，退又不退，却是何故！"喊声未绝，曹操身边夏侯杰惊得肝胆碎裂，倒撞于马下。）

　　曹操一看，也怂了，冠帽和簪子都掉了，披头散发的，也不管旁边的人了，"呲溜"一道烟就跑得没影了。

　　众将一看这还怎么打？也跟着一块逃跑了。一时间丢盔弃甲的不

106

计其数，混乱的士卒互相践踏，如同潮水溃散，不成阵型。受惊的战马连连后退，一个个四蹄发软，就像山顶上滑落的石头，东倒西歪。就连那桥下的河水都跟着翻滚起来，仿佛要倒流回去。

（操便回马而走。于是诸军众将一齐望西奔走……一时弃枪落盔者，不计其数，人如潮涌，马似山崩，自相践踏……却说曹操惧张飞之威，骤马望西而走，冠簪尽落，披发奔逃。）

张飞见曹军退去，也不追赶，把那二十个故布疑阵的士兵叫了回来，拆了那座桥，然后就赶回去同刘备、赵云会合了。

张飞长坂坡前救赵云的故事历来为人们称道。曹操大军压境，张飞手下只有二十个骑兵，按理来说曹操打败张飞就像踩死一只蚂蚁一样容易，然而张飞凭借着"个人魅力""征服"了曹军，从此三国"江湖"中，张三爷的名号无人不知无人不晓。张飞到底是怎么做到的呢？

夸张是一种常用的修辞手法，是用言过其实的方式来凸显人物或事物的特点，加强语气，烘托氛围，引发读者的联想和想象，产生强

用夸张，就是这么自信！

烈的共鸣。夸张用得好，就像是给人物做了最适合的造型设计，让人物在聚光灯下更加光彩夺目。夸张怎么用，写作心法学一学吧！

① 造型夸张人突出

人物的造型主要依靠外貌和神态的细致刻画，运用夸张手法给人物的外貌和神态变变形，人物的个性就更突出啦。

想象一下，曹操大军追赶赵云到了长坂桥，发现桥上站着一个人，"胡须倒竖，如同猛虎！环眼圆睁，好似铜铃！手里握着的长矛仿佛一条巨蟒，吐露着蛇信，整个人就像是一座巨大的铁塔矗立在那里"。就这造型，即使不报名字，我们也知道，他就是猛将军张飞。在曹军的眼里，张飞的胡须就是根根钢针，要刺穿他们的胸膛；张飞的眼睛就像现在的高科技放射线，能把人五脏六腑给穿透。故事用夸张的手法刻画了张飞的胡须和眼睛，把他英勇威猛的特点凸显出来，有这样的虎将镇守，真是令人胆寒。

　　"夸张"就像一面放大镜，可以把人物的外形特点放大。比如，形容一个人身材瘦弱，我们常说"他瘦得像根竹竿一样，一阵风就能把他吹倒"。如果让你用"夸张"形容一个人很胖，你会说什么呢？如果让你用"夸张"形容一个人发怒的表情，你会怎么写呢？快创造属于你的新奇有趣的夸张句吧，写完给你的小伙伴读一读，看看他们会不会被你的妙笔逗笑。

② 行为夸张文不俗

行为动作是"描写手法"军团里的气氛担当，肩负着"让人物活起来"的重任，它的"秘密武器"就是夸张。下面我们看看用夸张怎么写行为动作。

曹操身边的将军夏侯杰，听到张飞炸雷一般的声音，吓得五脏六腑都碎裂了，胆汁都吐出来了，最后跌下马来，一命呜呼了。这里用夸张的手法把夏侯杰的反应描绘得异常惨烈，侧面表现出张飞的恐怖，能让敌将不战而死。

最高统帅曹操呢？看到张飞大义凛然地立于桥头，大有"一夫当关，万夫莫开"的架势，也吓得赶紧拉着缰绳就往回跑。跑得太快，冠帽也不见了，簪子也掉了，披头散发也顾不上了，就一个字——跑。夏侯杰和曹操夸张的行为衬托了张飞的无敌，好一个"百万军中取上将首级如探囊取物"的张将军。

用夸张把人物的特点表现出来，能让人物更加鲜明。比如一个豪

放的人笑，我们就可以说他"笑声震天响"；一个人很开心地笑，他可能"嘴角都咧到后脑勺了"；一个人得到了期盼已久的好消息，他可能会"乐得一蹦三尺高"；一个人很容易被逗笑，他听了一个笑话，可能"笑得前仰后合"。同样是用夸张手法描写"笑"，不

同的个性，人物的表现也不一样。我们写作文应该创造更新奇更贴切的夸张句，观察主人公的行为和动作，用夸张给你的行为描写"化化妆"，你的文字一定新鲜有趣。

❸ 环境夸张滋味足

用夸张的手法描写环境，更能营造氛围，增强文章的趣味性，更突显人物的形象。

将领都吓破了胆，将士们更是魂飞魄散，想象一下当时的场景，四散逃命的将士像潮水涌动一样，扬起的尘烟遮天蔽日。人都乱了，马就更无所适从了，嘶吼声此起彼伏，马蹄声也像山上崩落的乱石一样毫无章法，人和马乱作一团，互相践踏。长坂桥下哗哗作响的河水，也好像溃败的曹军一样，简直像要倒流回去。混乱的将士、翻滚的尘烟、嘶吼的马匹、倒流的河水共同构成了故事的环境。环境的混乱，都衬托出张飞的神勇。

我们在写人物时，也可以用夸张的手法给他所处的环境做做"装修"。比如学校突然通知明天春游，"顿时整个教室像炸开了锅，同学们像满屋的蚂蚱蹦跳起来"，可见同学们真是太开心了。再比如，参加演讲比赛时，你感觉"整个礼堂安静得能听见咚咚的心跳声，好像空气都凝固了"，读这句话你是不是就能感觉到当时有多紧张啦？你想要写的环境是什么样的呢？你想如何给它"装修"呢？用夸张手法写一写吧。

锦囊妙计

造型夸张人突出
动作夸张文不俗
环境夸张滋味足
夸张让人更爱读

秘籍
修炼

① 任务发布

你认识的人有什么特点？这个特点是通过什么样的造型、动作和环境体现出来的呢？运用夸张手法，写写这个人物吧。

（小学语文教材四年级上册第二单元习作：小小"动物园"）

② 名家示范

照片上是个九岁男孩，胖得像用强力打气筒打足了气一样。他浑身都是鼓出来的松软肥肉，脸像一个大面团，上面有两只小葡萄干似的贪婪眼睛窥视着外面的世界。报上说，奥古斯塔斯·格卢普所居住的市镇由于出了这位英雄而大喜若狂。所有的窗户飘扬着旗帜，小学生放假一天，还要举行大游行来祝贺这个出了名的小朋友。

——节选自罗尔德·达尔《查理与巧克力工厂》

文章描写的是《查理与巧克力工厂》中第一个抽中金奖券的小朋友。作者用夸张手法描绘了小朋友的外形——用强力打气筒打足了气一样，想象看到一只胀鼓鼓的气球，这就是他的身材。脸像大面团一样臃肿肥胖，眼睛像小葡萄干，这么一对比，眼睛就显得更小了。眼睛虽小却挡不住他贪婪的目光，丑陋的心灵让他的外形变得更加丑陋。接着作者又用夸张的手法描写了人们对这位小朋友抽中金奖券而做出的反应，窗户上插着旗帜，孩子们放假，居然还要大游行，真是夸张到离谱。而这么多夸张的句子，都在描绘人们为金奖券而疯狂。

你要写的人物有什么特点？你会如何运用夸张的手法写出他的特点？

1.人物的特点是什么？

2.他的特点像什么样的动物呢？

3.他的造型、动作和环境是什么样的？

4.你想创造什么样的夸张句来描绘造型、动作或环境呢？

在相应的方框里给自己打上"√"吧。

我会用夸张写造型。□

我会用夸张写动作。□

我会用夸张写环境。□

第八章

江东猛虎孙文台

——写人就得"买一赠一再赠一"

特点例子多

小丸子 饰 孙坚

枣儿 饰 张飞

话说刘备、关羽、张飞桃园结义后，便响应朝廷号召，组织兵马镇压黄巾军。一时间，神州大地，烽烟四起，著名的黄巾起义很快便以失败告终。

但是一小部分黄巾军的残兵败将，不久后又聚拢起来，占据宛城，劫掠百姓，为祸一方。刘关张三兄弟接到朝廷旨意，跟着朝廷大军一起攻打宛城。

宛城内的贼军有数万人之多，也着实不好打。朝廷的兵马将四面城门包围，进攻了一天一夜，都没能将他们消灭。

第二天，刘备等人正要继续攻城，忽然见正东方烟尘四起，一彪人马龙精虎猛地杀奔过来，为首的一员大将更是威武不凡，生得广额阔面，虎背熊腰，看架势就是个不好惹的人物。

（方欲攻打，忽见正东一彪人马到来。为首一将，生得广额阔面，虎体熊腰。）

刘备心里先吃了一惊，不知道来的是敌是友，倘若是叛贼的同伙，形势可就不妙了。不过等这员带头大将走到跟前报上姓名，大家伙便立刻放下心来，原来来人是被称为"江东猛虎"的孙坚。孙坚的

这个外号，可不是说他凶残，要知道虎乃百兽之尊，纵横山林，所向披靡。大家把孙坚比作猛虎，首先是因为他勇猛过人，胆气豪壮；同时也是形容他和猛虎一样，拥有一呼百应的领导魅力。

据说，这个孙坚还是春秋时代写出《孙子兵法》的兵圣孙武的后代，可以说是名门之后。他出生在吴郡富春县，十七岁的时候，有一天跟着父亲乘船经过钱塘江，偶然看见十几个强盗，刚刚抢劫完江上的客商，正蹲在岸上分赃呢。他父亲想绕过去，毕竟多一事不如少一事。可年少气盛的孙坚却说："这样的小贼，分分钟我就能把他们抓住！"说着他拔刀在手，猛地一跃，跳到岸上，挥着刀大喊："东边的围上来！西边的跟进！别让他们跑了！"

众强盗一听，还以为官兵把他们包围了呢，又见为首的孙坚像头老虎一般向他们扑杀过来，顿时吓得四散逃命，财物也不要了。孙坚一个箭步追赶上去，把那为首的强盗一刀砍翻在地。其实他哪里有什么官兵帮手，不过是虚张声势之计，却因此干净利落地击溃了十几个恶盗。

（坚谓父曰："此贼可擒也。"遂奋力提刀上岸，扬声大叫，东西指挥，如唤人状。贼以为官兵至，尽弃财物奔走。坚赶上，杀一贼。）

就这样，孙坚的大名在东吴传开了。后来会稽郡有个叫许昌的妖

贼造反，自称皇帝，聚集数万人，声势极其浩大。哪知还没等朝廷下通知讨伐呢，孙坚就和郡里的军官联手，登高一呼，一下子就招募了上千名勇士，立刻就把这股反贼剿灭了。

这不，现在孙坚又听说黄巾军的余孽祸害百姓，于是便聚集家乡的少年儿郎以及外地过路的商旅为民除害。凭借如雷贯耳的名声，他很快便在淮泗一带招募了一千五百精兵，星夜赶来宛城支援刘备等人。

（今见黄巾寇起，聚集乡中少年及诸商旅，并淮泗精兵一千五百余人，前来接应。）

刘备等人得到这么一支强有力的援兵，那真是喜出望外。刘备和孙坚也是英雄惜英雄，他们俩一个打南门，一个打北门，孙坚更是如猛虎出林，第一个登上城头，杀得城内叛军人仰马翻，宛城之乱因此而被平定。

这就是"江东猛虎"孙坚的故事。

如果没有父亲孙坚和兄长的积累，也不会有后来孙权的东吴大业。孙坚作为江东一带响当当的人物，如果你想给朋友们介绍孙坚，就要想一想，孙坚有什么特点？他的个性特点是如何体现出来的呢？

一个人的个性是比较固定的，他做的很多事情都能够体现出独特的个性。因此围绕着人物的性格特点，选取多个事件来写，能够让人物的个性更突出、更深刻。这一章的写作心法，我们来研究一下多个事例写人。

① 围绕形象选事例

想要用多件事来写人，必须围绕一个中心来写，人物的个性特点就是文章的中心。因此在选材的时候，要选择最能体现人物性格特点的事件来写。

故事一开始，孙坚就以"江东猛虎"的形象登场。后面的故事都是在向读者展示，为什么说孙坚是"江东猛虎"，我们一起看一看故事是怎么表现他"虎"的。

　　首先孙坚的外形就很"虎"——"为首一员大将更是威武不凡，生得广额阔面，虎背熊腰，看架势就是个不好惹的人物"。俗话说相由心生，从孙坚宽广的额头和挺阔的面容就可以看出他气度不凡、勇武霸气。

　　接着，故事选取了三件事来塑造孙坚的形象。第一件事：他少年时期就嫉恶如仇，富有正义感，看到强盗就见义勇为；第二件事：他联合官府招募勇士，除掉了反贼；第三件事：就是他招兵买马来宛城支援刘备，消灭黄巾军残部。这三件事都表现出他有勇有谋，有卓越的号召能力和领导才能，真不愧是"江东猛虎"。

我们可以像故事中这样写多件事来表现人物的性格，最重要的是围绕人物形象来选择素材。如果想写一个人粗心大意、丢三落四，你会选择哪些事例呢？一起来选一选吧。事例1：小丸子着急上学，课本也忘了带。妈妈提醒才想起来，原来今天是周末，不用上学；事例2：枣儿开心出门，钥匙还留在门口的锁孔里；事例3：小丸子送受伤的枣儿去医院；事例4：枣儿忘了换鞋，穿着拖鞋来上学。

你能选出正确答案吗？除了这些例子，你还能想到哪些事可以体现一个人粗心大意、丢三落四呢？别忘了，写人就要围绕人物的个性特点选事例。

② 最佳事例写详细

符合人物形象特征的事例那么多，选择哪些来写呢？如果每个事例都详细描绘，作文就会变成流水账。所以，我们选取几件能够体现人物形象特征的事件来写，从中选择最符合人物形象特征的事件来写详细。

在上文的三国故事中，"少年孙坚智斗强盗"的故事写得最详细，篇幅最长。为什么这样设计呢？想象一下，对方可是令人闻风丧胆的强盗，刚刚抢劫了客商的钱财。少年孙坚年轻气盛，好打抱不平，看到这伙强盗这么嚣张，怎么能视若无睹呢？但是他可不是有勇无谋的莽夫，他举着大刀，大义凛然地冲上前来跟盗贼对峙，还假装跟官兵配合包抄，盗贼胆战心惊，四处逃窜。他帮助客商追回财物，还手刃盗贼，一下子就名声大振啦。

　　俗话说"三岁看老"，孙坚在少年时期就表现出与众不同的英雄气概，他想要扬名立万、建功立业的雄心壮志初露端倪。这个故事是最能体现孙坚天生的胆识谋略和领导才能的，一定要写得详细、生动。另外两个事例就可以简略地写，让文章有详有略，有主有次。

突出我的雄心壮志！

很突出……

一个故事怎么够！

足够，足够！

到底该如何选择最恰当的事例来详细写呢？比如主人公有粗心大意的毛病，也许"忘记今天是周末，课本也忘记放在书包里"的故事，更让人啼笑皆非，我们可以详细写它；也有可能忘记拔钥匙，害得爸爸妈妈担心家里遭了贼，虚惊一场，这件事的影响最大，我们可以详细写它；还有可能穿错了鞋子，等到想起来的时候，已经到学校了，在全班同学甚至全校同学面前丢脸，这可能是三个事例里最窘迫的，因此可以详细写这件事。你有没有发现，最恰当的事例有这样的特征：它是戏剧效果最强的，最有趣的；也可能是波及范围最广，影响最大的；或许也是最刻骨铭心、窘迫羞愧的。从你的事例中选择一个"最"特别的，把它当作最佳事例来详细描述吧。

❸ 重复言行更可信

一个人的个性是比较稳定的，为了突出人物的个性，我们可以让他的某些行为重复出现，来达到突出强调的效果。

在第一个事例中，孙坚遇到强盗抢劫客商的财物，他觉得自己能把强盗抓住。他的仁义之举、过人的胆识和卓越的谋略都延续到了第二个事例中。这一次，他没等朝廷下令，就联合当地的官兵，围剿了反贼。到了第三个事例，孙坚这种一呼百应、聚贤纳才的本领就更突出了。他要协助刘备攻打宛城，振臂一呼，应者云集，他的英雄气概和领导才能已经大放异彩了。无论是消灭强盗、剿灭黄巾军，还是响应号召围剿董卓，孙坚都站在正义的一方，逐渐壮大自己的声望，扩大自己的知名度和影响力，最后成为占据一方的霸主。故事多次出现重复的言行，能强调人物的个性，让人物的形象更突出。

　　我们在用多个事例写人的时候，也可以给人物设计相似甚至重复的言行。举个例子，一个"小馋猫"，可能会在饭菜没做好的时候，循着香味到厨房"偷吃"食材；也有可能在去别的城市旅游时首先关注当地的美食；还有可能把毫不相干的话题都听成"吃"……这些事例中这位"小馋猫"都有一个共同的言行，就是关注"吃"这件事。这么多件事放在一起，就可以看出这个人物可真是个"小馋猫"。你的人物有什么特点？他在做不同的事时，有什么重复或者相似的言行？仔细观察，把这些言行写出来吧。

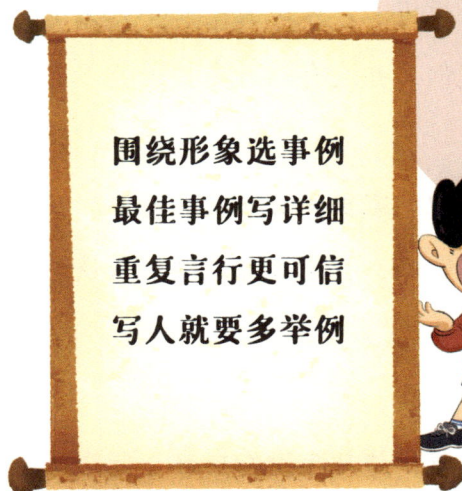

锦囊妙计

围绕形象选事例
最佳事例写详细
重复言行更可信
写人就要多举例

秘籍
修炼

① 任务发布

你身边一定有个性鲜明的人，他的个性是什么样的？围绕他的个性，选择多个事例来写一写他的个性吧。

（小学语文教材六年级上册第五单元习作：围绕中心意思写）

② 名家示范

她从来不打骂我们。仅仅有一次，她的教鞭好像要落下来，我用石板一迎，教鞭轻轻地敲在石板边上，大伙笑了，她也笑了。我用儿童的狡猾的眼光察觉，她爱我们，并没有存心要打的意思。

……

在假日里，她把我们带到她的家里和女朋友的家里。在她的女朋友的园子里，她还让我们观察蜜蜂，也是在那时候，我认识了蜂王，并且平生第一次吃了蜂蜜。

……

我父亲那时候在军阀部队里，好几年没有回来，我跟母亲非常牵挂他，不知道他的死活。……可是在孩子群中，我的那些小"反对派"们，常常在我的耳边猛喊："哎哟哟，你爹回不来了哟，他吃了炮子儿罗！"那时的我，真好像父亲死了似的那么悲伤。这时候，蔡老师援助了我，批评了我的"反对派"们，还写了一封信劝慰我，说我是"心清如水的学生"。一个老师排除孩子世界里的一件小小的纠纷，是多么平常，可是回想起来，那时候我却觉得是给了我莫大的支持！在一个孩子的眼睛里，他的老师是多么慈爱，多么公平，多么伟大的人啊！

——节选自魏巍《我的老师》

文章节选了"我"和老师相处的三件事：第一件，老师假装生气；第二件，老师带我们观察蜜蜂；第三件，老师帮"我"处理同学间的纠纷。这三件事都能表现出老师对"我"的关心和爱，这其中对"我"来说，最感动、最值得怀念的就是第三件事。因为"我"想念爸爸，担心父亲真的像同学所说已经去世，是蔡老师给了"我"莫大的安慰和支持，在"我"童年的记忆里留下了深刻的印象。作者在文段的最后，用饱含深情的笔触抒发了对蔡老师的怀念和敬爱。这样写重点突出，情深意切。

你身边有哪些有个性的人？他的特点是什么？选取多个事例写一写吧！

1.人物的性格特点和主要形象是什么？

2.哪些事例能够反映人物的性格和形象？

3.哪件事最能体现他的性格？

4.他有什么重复的言行能体现性格？

在相应的方框里给自己打上"√"吧。

我会围绕形象选事例。☐

我会选择最恰当的事例详细写。☐

我会用重复的言行来表现形象。☐

第 九 章

莽撞人粗中有细

——这个人，怎么和听说的不一样

印象反转

枣儿 饰 曹操

小丸子 饰 刘备

话说"青梅煮酒论英雄"之后，刘备终于找到机会逃出了曹操的魔掌，还占领了徐州。

曹操当然不是个善罢甘休的主，当时就想亲自出马去找刘备算账。无奈河北的袁绍又来跟他过不去，曹操也分身乏术，只好派手下的刘岱、王忠两员大将去攻打徐州。

再说徐州城里的刘备屁股还没坐热，就听说曹操的大军来了，心里顿时一惊：这么快就打过来了？

刘岱和王忠又打出曹操的旗号虚张声势，让人以为是曹操亲自领兵来了，刘备惊疑不定，着实有点儿发憷，想要派人出去探听虚实。

一旁的张飞第一个站出来请命，还说曹操来了又能怎样，一起把他收服了！

刘备心说"打仗不是儿戏"！老三平日里鲁莽冲动，做事不动脑子，让他出去如何放心？于是便派性情稳重的关羽出城迎敌。

关羽出马果然靠谱，没一顿饭的工夫，不仅查清楚了曹操不在军中，还把敌方的主将之一王忠给生擒过来了。

刘备见状十分满意，到底还是这个二弟知心啊！他这会儿可不想跟曹操撕破脸，因为实力还不够，留着王忠的性命，大家都能有个退路。这要是换了张飞过去，肯定一言不合就把王忠宰了。

（玄德曰："吾恐翼德躁暴，杀了王忠，故不教去。此等人杀之无益，留之可为解和之地。"）

眼见关羽立功，张飞也是急得哇哇大叫："大哥！二哥擒了王忠，让我去擒刘岱吧！"

刘备直摇头："刘岱当年可是讨伐董卓的一方诸侯，不是那么好对付的！"

张飞不以为然："凭他也能算个人物？"

"我是怕你杀了他，坏我大事！"刘备还是有点儿不愿意。

张飞对天发誓："我要是杀了他！我给他偿命！"

刘备实在没办法，只好让张飞出城了。

张飞是个急性子，到了曹军寨前就叫阵挑战。哪知道这刘岱是个

怂人，听说王忠被关羽擒了，吓得连寨门都不敢出。不管张飞这边怎么辱骂，他就是不肯出战，毕竟小命要紧，骂两句算什么。

张飞出来的时候可是立过军令状的，见刘岱铁了心要当缩头乌龟，急得脑袋都快冒烟了。

你还别说，张三爷虽是个莽撞人，却粗中有细，聪明得很。这刚抱起酒坛子，立刻灵光乍现，想出一条妙计来：

（却说刘岱知王忠被擒，坚守不出。张飞每日在寨前叫骂，岱听知是张飞，越不敢出。飞守了数日，见岱不出，心生一计……）

他先是传令说今晚二更去劫营，又将一整坛酒喝了个底朝天，醉得舌头都捋不直了，正好旁边一个小兵犯了军法，他抄起皮鞭子就把那人抽得死去活来，还准备劫营的时候杀他祭旗。

可是刚到晚上，张飞就悄悄地放松看管，让那小兵脱身跑了。那小兵也没多想，只求保命要紧，就跑到刘岱那里说张飞今晚会来劫营。刘岱见这小兵被打得不轻，不像说谎，就信了他，暗中设下埋伏等待张飞。

却不料张飞兵分三路，先切断刘岱的后路，一路故意闯入刘岱埋伏，剩下两路却是螳螂捕蝉黄雀在后，里应外合地把刘岱包围了。

刘岱奋勇杀出重围，哪知张飞早在外面等着他了，根本没有半点儿喝醉的样子。只一个回合，张飞就将刘岱活捉了。

胜利的消息传进徐州城，刘备高兴坏了，激动地跟关羽说道："我一直以为三弟性格莽撞、粗枝大叶的，想不到他也会使用计策啊！那我就没什么好担心的了！"

（飞使人先报入徐州。玄德闻之，谓云长曰："翼德自来粗莽，今亦用智，吾无忧矣！"）

一说起张飞，我们想到的就是他手持蛇矛，风风火火的样子。但是今天的故事给我们展现了一个不一样的张飞，原来他也有细心的时候，也会用计取胜。这样的张飞是不是让你刮目相看啦？今天的写作心法我们就来学习如何让人物形象发生反转。

人物形象反转指的是想夸赞一个人，先贬低、否定或误解他，经过一系列的事件后，又对人物的印象发生了反转，最后达到突出认可和赞扬的目的。这样写能够让文章情节多变，波澜起伏，前后形象的

确实！

我很丑。

差异能够产生对比的感觉，让读者对转变后的形象有更深刻的理解。成功的反转会让读者恍然大悟，产生"原来是这样"的感悟。赶紧看看怎样才能达到这种效果吧。

① 第一印象不太好

刘备的心理描写告诉我们，他眼中的张飞"鲁莽冲动，做事不动脑子"。刘备直言不讳，怕他性格急躁、火爆，万一杀了想留着当人质的刘岱，这不是坏了大事嘛，所以关键时刻派了更稳重的关羽去完成任务。

不仅如此，曹军来袭时，张飞第一个站出来请命，根本不把敌将放在眼里，"来一个杀一个，来两个杀一双"。刘备不愿意让他出战，他急得哇哇大叫。刘备就怕他草率行事，他一听，拿自己的命赌咒发愿，如果把刘岱杀了，他拿自己偿命。如此鲁莽真让人放心不下。

故事通过语言和心理描写，寥寥几笔就把张飞鲁莽冲动、做事不动脑子、脾气火爆的第一印象表现出来了。难怪刘备不放心把任务交给他。

　　这就塑造出了"负面"的第一印象。想写"负面"的第一印象，我们可以写人物"负面"的性格特点，可以写对人物行为的误解，可以写人物身上的小毛病。比如想写妈妈对你的爱，你可以先从妈妈"有点儿唠叨，大事小事都要叮嘱个没完"开始写。比如想写一个助人为乐的同学，你可以先从他"看起来有点儿爱管闲事"写起。再比如想写爸爸为了家人默默奉献，可以先说他有个小毛病，"经常

熬夜，是个夜猫子"。

注意，"负面"的第一印象不代表这个人有性格上的缺陷或者问题。千万别为了"负面"而"负面"，无论怎么反转，也不能夸赞一个坏蛋，对不对？写"负面"的第一印象是为了后面的反转，从而突出他反转后的性格特点，因此"负面"的第一印象要略写。

你想写的人物有什么"负面"的性格，或者你曾经对他有什么误解？你发现他身上有什么小毛病呢？用简略的语言写一写吧。

❷ 反转要向人设找

印象反转不是凭空反转，而是在符合人物性格形象的基础上反转。

在张飞再三坚持和保证下，刘备还是答应了张飞的请求，派他去生擒刘岱。可是这个刘岱听说过"猛将军"的威名，不敢轻举妄动，每天就躲在军营里，任凭张飞如何挑战，就是不出来。这可把张飞急坏了，刘岱不出来怎么完成生擒的任务呢？按照大家对他的了解，他此时此刻应该是在军营里喝闷酒。

这时候反转来了，张飞计上心来，果真鞭打了一个倒霉的小兵，等他叛变，就可以把自己要半夜劫寨的假消息带给刘岱了。这样，他就可以将计就计，引刘岱出来完成生擒任务啦。兵不厌诈，刘岱怎么就相信了这个被打得皮开肉绽的小兵呢？因为张飞做的事实在是太"张飞"了：喝醉后惩罚手下的小兵，打得这个小兵奄奄一息，谁看了都觉得是张飞能干出来的。刘岱果然中了计，结果被武艺高强的

张飞生擒了去。

没想到粗放、鲁莽的张飞也有心思细密、运用计谋的一面。张飞的形象出现了反转，让人对他的认识更全面了。这种反转并没有脱离他本来的形象，他还是那个骁勇善战、鲁莽冲动的张飞，只是在此基础上，他学会了用计，取得了胜利。

我们设计人物反转时也必须符合人物本来的形象。比如上文我们写妈妈爱唠叨，一点儿小事都会叮嘱个没完，但这正体现了她对我无微不至的关心和爱。比如那个助人为乐的同学，他看起来好像是爱管闲事，但是每一次他都帮助了别人，这不就是助人为乐的一种体现吗？再比如我们写爸爸是个"夜猫子"，总是熬夜，实际上爸爸工作很忙，但是下班以后还会做很多家务，为整个家庭默默奉献。这样一来，人物比较"负面"的第一印象跟真正值得歌颂的品质，都符合人物的形象，比较真实，不突兀。

注意，我们赞扬一个人，不能跟他的"负面"印象相矛盾，也

144

不能过分夸大。比如写了妈妈"爱唠叨"，就不能再说她"惜字如金"，这就前后矛盾了。说同学"乐于助人"，不能总写他"救死扶伤"，他不是专业的医护人员，这样写就过于夸张了。

❸ 抒情议论更聚焦

张飞用计生擒刘岱，完成了任务，表现出了他粗中有细的一面。刘备当然大喜过望，对着关羽发表感慨："我一直以为三弟性格莽撞、粗枝大叶的，想不到他也会使用计策啊！那我就没什么好担心的了！"这句话既总结了张飞前后给人印象的变化，又表达了自己的情感和看法，让读者对张飞莽撞但是粗中有细的性格特点有了深刻的认识。

我们可以在文章中加上抒情或者议论，来表达自己的情感或感想。比如，我们以为妈妈"爱唠叨"，但理解了妈妈的良苦用心和无微不至的爱时，我们自然而然会感动，甚至对误解妈妈感到愧疚，我们就可以在结尾表达这种感动或愧疚。比如我们以为同学是"爱

管闲事"，可是看到他帮助别人，或者是得到了他的帮助时，我们才会发现，他的善举是多么令人钦佩。我们就可以发表看法，向他学习。

　　抒发情感或者发表看法，能够让人物形象更完整、更立体生动，能够让读者更直接地跟我们产生共鸣，更好地理解人物的形象。当你写人的时候，也加上适当的抒情议论吧。

我在聚焦！

你在干吗？

完了，这下真"焦"了。

哎呀，烧起来了！

锦囊妙计

第一印象不太好
反转要向人设找
抒情议论更聚焦
印象转变新面貌

秘籍
修炼

① 任务发布

你认识的人里，有没有让你产生印象反转的人？你对他最初的印象是什么样的？是什么事促使你改变了对他的看法？你对他印象的转变伴随着怎样的情感，或者产生了什么样的看法？写一写人物印象的反转吧。

② 名家示范

那坐在后面发笑的是上学年不及格的留级学生，在校已经一年，掌故颇为熟悉的了。他们便给新生讲演每个教授的历史。这藤野先生，据说是穿衣服太模胡了，有时竟会忘记带领结；冬天是一件旧外套，寒颤颤的，有一回上火车去，致使管车的人疑心他是扒手，叫车里的客人大家小心些。

……

但不知怎地，我总还时时记起他，在我所认为我师的之中，他是最使我感激，给我鼓励的一个。有时我常常想：他的对于我的热心的希望，不倦的教诲，小而言之，是为中国，就是希望中国有新的医学；大而言之，是为学术，就是希望新的医学传到中国去。他的性格，在我的眼里和心里是伟大的，虽然他的姓名并不为许多人所知道。

——节选自鲁迅《藤野先生》

藤野先生是鲁迅在日本留学时解剖学课程的老师，选文第一段节选的是藤野先生给人的第一印象。他不太注重外表，衣服穿得很寒酸，甚至被当成了小偷，这第一印象可不太好。接着鲁迅回忆了与藤野先生交往的故事，他是个辛勤治学、诲人不倦的老师，对中国留学生孜孜不倦的教诲和一视同仁的做法，让鲁迅非常敬佩。选文最后一段，鲁迅表达了对藤野先生的感激和怀念。想知道发生了什么事，才发生了这么巨大的反转？去找到原文读一读吧。

你想写的人是谁？你对他的印象发生了什么样的反转，试着写一写吧。

1.主人公的第一印象是什么样的？

2.他的性格和形象发生了什么反转？

3.印象的反转通过什么故事表现出来的？

4.你对他的情感或者看法是什么呢？

在相应的方框里给自己打上"√"吧。

我会写人物不太好的第一印象。□

我会写印象反转。□

我会在作文中添加抒情或议论。□

第十章
曹阿瞒决胜乌巢

——呦，你还有两副面孔呢

多面人物

枣儿 饰 曹操

小丸子 饰 许攸

话说曹操和袁绍这两个北方"大佬"在官渡展开决战，双方对峙了两个多月，曹操兵少，粮食也快吃完了，形势十分不利。曹操便急忙写了封催粮信，派人送去大本营许昌。

当天夜里，曹操正准备睡觉，下面忽然来报说，袁绍的谋士许攸前来投奔。

原来这许攸跟曹操是打小一块儿玩儿的好哥儿们！而且他智谋过人，是个不可多得的人才。一听说他来投奔，曹操激动得鞋都忘了穿，光着脚就跑出来迎接，远远地看见许攸，高兴地拍着手向他跑去，手牵着手把他请入营帐，倒地便拜。

（时操方解衣歇息，闻说许攸私奔到寨，大喜，不及穿履，跣足出迎。遥见许攸，抚掌欢笑，携手共入。操先拜于地。）

许攸见曹操这么礼贤下士，感动坏了，慌忙把他搀扶起来："您是大汉的丞相啊，我不过是个布衣，干吗这么客气？"

（攸慌扶起曰："公乃汉相，吾乃布衣，何谦恭如此？"）

曹操笑着说："谁不知道你许子远的大名！再说咱俩怎么能以官职分尊卑呢？"

许攸叹了口气："我真是瞎了眼，竟然跟随了袁绍，这小子对我言不听计不从，我只有来投靠你了。"

（攸曰："某不能择主，屈身袁绍，言不听，计不从，今特弃之来见故人。愿赐收录。"）

曹操搂着许攸的肩膀说道："子远肯过来帮我，啥事儿干不成？快教教我，怎么击败袁绍？"

许攸不答反问道："你现在还剩多少军粮啊？"

"许攸炸（诈）鸡（计）"天下第一！

曹操一听这话，眼珠子转了一圈，心想：这许攸深夜投奔，万一要诈刺探我军情怎么办。就算他真心来投，知道我缺粮，再给吓跑了也麻烦。

于是曹操撒谎不打磕巴地说道："还够吃一年的呢！"

"只怕未必吧？"许攸狡黠地笑了笑。

"嗨！"曹操仰天打个哈哈，"记错了，还剩半年。"

许攸登时不高兴了："我可是诚心诚意地来投靠！你这么欺瞒，不是拿我当外人吗？"说着就往帐外走去。

　　曹操连忙拽住他的袖子："别别别！我说实话，只剩下三个月的了！"

　　许攸哭笑不得地指着曹操的鼻子说道："曹阿瞒啊曹阿瞒，别人都说你是个奸雄，果不其然啊，你可真够奸诈的！"

　　曹操见许攸还是不信，也陪着笑起来："这不是兵不厌诈嘛！"说着煞有介事地凑到许攸耳朵边，小声小气地说道："其实只剩下这个月的口粮了！"

　　许攸真是气都生不起来了，故意大声嚷嚷道："别再骗我了！你的粮食早吃完了！"

　　曹操顿时惊愕："你怎么知道？！"

　　许攸从怀里掏出曹操写的催粮信，原来送信的人早就被许攸捉住了，他把消息告诉袁绍，没想到袁绍非但不听，还怀疑他跟曹操勾结，用这封信坑骗他！许攸一怒之下才跑来投靠曹操。

　　曹操这才打消疑虑，虚心请教许攸如何化解危局，击败袁绍。许

157

攸深知袁绍虚实，让曹操去偷袭袁绍囤粮的乌巢，烧掉他的粮食，袁绍人多，比曹操更害怕缺粮。曹操闻言大喜，当即采纳许攸的计策。

旁边的张辽劝他不要轻易冒险，万一许攸是诈降的呢？但是曹操既然相信了许攸，就用人不疑，他亲自出马，带队偷袭，果然顺利烧毁了乌巢粮仓。

袁绍军没了粮食，立刻大乱，被曹操趁势进攻，几乎全军覆没。

曹操得胜，又从袁绍军营中搜出了手下一些官员和袁绍私通的书信，有人劝曹操逐一核查，挨个收拾，但他摇头道："之前袁绍那么强大，我自己都担心保不住脑袋，何况其他人？"于是当众烧了书信，安抚了大家的心。

大家见曹操如此大度，从此忠心不二，团结一致，最终彻底将袁绍的势力清除，统一了北方。

曹操可以说是整部《三国演义》中最有争议的人物，有人觉得他胸怀天下，礼贤下士，有勇有谋，是个英雄；也有人觉得他"挟天子以令诸侯"，残忍多疑，是个奸臣。他到底是个什么样的人？虽然他最有争议，但这并不妨碍他成为最有特点、最吸引人的形象之一。作者是怎么把如此复杂多面的人物形象刻画出来的？这一章我们就学习如何刻画出人物的复杂性格，从此以后人物有再多面我们描写起来也不怕。

　　塑造人物复杂多面的性格需要对人物性格有深刻的把握，还需要综合运用之前我们学习过的多种技法。武功虽难，我们也有心法秘籍，你准备好了吗？

❶ 细节要用多手法

　　综合运用多种手法描绘细节，能让主人公的性格形象更突出。

　　曹军战事拖延又粮草不足，曹操正不知道怎么办呢，听说许攸这么个能人贤士来投奔，兴奋得"鞋都忘了穿，光着脚就跑出来迎接，远远地看见许攸，高兴地拍着手向他跑去，手牵着手把他请入营帐，倒地便拜"。这一连串的动词把曹操的开心劲描绘得惟妙惟肖，表现出了曹操求贤若渴、礼贤下士的性格特点。

　　求贤若渴是曹操复杂性格中的一面，另外一面就是他的多疑。许攸问曹操还有多少粮草，我们看曹操的心理活动："这许攸深夜投奔，万一要诈刺探我军情怎么办。就算他真心来投，知道我缺粮，再

161

给吓跑了也麻烦。”于是他撒谎不打草稿，告诉许攸还够吃一年。他要试探许攸，是不是真心来投奔他。这一处心理描写把曹操的敏感多疑、心机深沉表现得淋漓尽致。

故事综合运用了动作描写、心理描写、语言描写和神态描写，刻画出了曹操接待许攸的细节，表现出了曹操求贤若渴、礼贤下士又敏感多疑的多面性格。我们在塑造人物形象时，也应该综合运用多种描写手法来突出人物形象。

如果你想写一个热心肠但是做事毛躁的同学，就可以用语言描写来表现他的热心肠："怎么，钢笔不出水了？我来帮你看看。"接着可以用动作描写来表现他的毛躁："他接过钢笔，抡圆胳膊甩起来，一不小心胳膊肘磕到了桌角，钢笔顺势飞出去两米远，'啪嗒'一声摔在了地上。"接下来你是不是特别想用神态描写，写一写他的表情？最后你还可以用心理描写，让你的人物说说心里话："我真的是

好心，可怎么老是搞砸呢？"这样一来，这个人热心肠却毛毛躁躁，总是好心办坏事的人物形象就丰满啦。

你的人物有着怎样的性格特点？运用多种描写手法写一写你的人物吧。

❷ 情节反复效果佳

情节的反复可以让人物形象更突出。

许攸单刀直入，问曹操还有多少军粮，曹操先是回答"一年"，被许攸狡黠一笑否定；曹操又改口说"半年"，许攸已经生气了，心想"这个曹阿瞒，被发现了还能堂而皇之地撒谎"；曹操挽留许攸，"实话实说"，还有三个月的粮。这下许攸都气笑了，明明知道老底被揭穿了还能继续编，曹操自嘲说自己"兵不厌诈"，继续给

了个假的答案，说粮食还够这个月吃。最后许攸气不过，大声揭晓了答案，原来曹军的粮草已经断了。

曹操为什么不在许攸第一次否定他的时候说出正确的答案呢？故事中这样一次一次重复有什么好处呢？即使被揭穿，曹操也丝毫不慌，还能厚着脸皮继续撒谎，这都是因为曹操敏感多疑、防备心重、狡诈多谋。如果许攸否定，曹操马上以实相告，就体现不出这些性格特点啦。曹操和许攸对话情节的反复，能够突出强调曹操的防备之心和兵不厌诈的特点。

其实这种用法我们并不陌生，在《总也倒不了的老屋》中就有类似的情节。每一次老屋想要倒下，总会有人需要他的帮助，他总是倒不下，在循环往复中突出了老屋的特点。我们也可以学习这种情节反复的方法来突出强调人物的性格特点。比如上面那位热心肠但是做

对……不……起！

事毛躁的同学，他可能今天把同学的钢笔摔坏了，明天又拆坏了同学的自行车，后天可能背着受伤的同学摔了一跤……

给你的人物也设计反复的情节来突出强调他的性格特点吧。

③ 不同选择不同"他"

人物在面临不同的选择时，什么样的性格，就会决定他做出什么样的选择。描绘人物所做的不同选择，就能反映出不同侧面的性格。

许攸初来时，曹操疑心他是假投降，所以反复使诈来试探他。一旦确定许攸是真心投靠，曹操的选择就发生了翻天覆地的变化。许攸献计，张辽怀疑他有诈，劝曹操不要轻易相信。曹操坚定地选择了"用人不疑"，采纳了许攸的计策，这才带来了官渡之战的胜利。

再比如打败袁绍后，搜出了很多曹操的部下和袁绍私下来往的信件。有人劝曹操趁机铲除有异心的人，曹操却没有这样做。他选择让

手下烧毁了这些信件，保全了这些人的性命，宽宥了他们的叛变行为，给了他们改过自新的机会。他的选择呈现出了"英雄"的气度，令人敬佩。

　　人物的选择往往能够反映人物的性格。我们写作文的时候不妨也给人物设计几个"选择题"，他在关键时刻做出的选择最能体现他的性格。还是拿上文那个同学举例，他因为毛躁惹出了不少麻烦，他可能也因此产生过怀疑，是不是不应该多管闲事。可是当又一次遇到需要帮助的情况，他是会选择视而不见还是再一次挺身而出呢？也许他愿意努力改正毛躁的缺点，再一次给需要的人伸出援手，这样不完美却闪着光的他才更值得我们学习。

锦囊
妙计

细节要用多手法
情节反复效果佳
不同选择不同他
多面性格写出花

秘籍
修炼

① 任务发布

每个人都有很多"面"，你想写的人有哪些"面"？什么事件能够反映出他的多面性呢？运用本章所学写一写吧。

② 名家示范

癞六伯，是离石门湾五六里的六塔村里的一个农民。这六塔村很小，一共不过十几份人家，癞六伯是其中之一。我童年时候，看见他约有五十多岁，身材瘦小，头上有许多癞疮疤。因此人都叫他癞六伯。此人姓甚名谁，一向不传，也没有人去请教他。只知道他家中只有他一人，并无家属。既然称为"六伯"，他上面一定还有五个兄或姐，但也一向不传。总之，癞六伯是孑然一身。

癞六伯孑然一身，自耕自食，自得其乐。他每日早上挽了一只篮步行上街，走到木场桥边，先到我家找奶奶，即我母亲。"奶奶，这几个鸡蛋是新鲜的，两支笋今天早上才掘起来，也很新鲜。"我母亲很欢迎他的东西，因为的确都很新鲜。但他不肯讨价，总说"随你给吧"。我母亲为难，叫店里的人代为定价。店里人说多少，癞六伯无不同意。但我母亲总是多给些，不肯欺负这老实人。于是癞六伯道谢而去。

——节选自丰子恺《癞六伯》

癞六伯是个连名字都不清楚的小人物。他身材矮小，相貌丑陋，头上还有许多癞疮疤。没人知道他的姓名，也没有人问过他，他总是孤零零的一个人。这样一个人没有自暴自弃而是辛勤耕种，自食其力。范文节选了他卖给我母亲鸡蛋和鲜笋的片段，可以看出他是非常老实、淳朴的。菜很新鲜，他却不肯讨价，选择让顾客看着给钱，在物质匮乏的年代，这种品质多么难得。小人物身上也有闪光点，孤独可怜的人也有自己的快乐和善良。癞六伯身上还有很多美好的品质，如果你感兴趣，找到全文读一读吧。

你身边有哪些有意思的人？他有哪些复杂的性格特点呢？运用本章所学试着写一写吧。

1.他有哪些性格特点？

2.可以用什么描写手法来写出他的特点？

3.他身上发生了什么重复的情节？

4.他面临什么样的选择，他又是怎么做的呢？

在相应的方框里给自己打上"√"吧。

我会用多种手法描绘人物。□

我会写反复情节来突出人物。□

我会写人物做出的选择来表现人物。□